한자부수의 이해

한상덕 지음

경상대학교출판부

본 도서는 (재)경상대학교 춘추연구장학재단의 지원을 받아 출판되었습니다.

서 문

이 책은 한자 공부를 하는데 가장 기본이 되는 부수(部首)를 설명한 책이다. 따라서 ≪한자의 이해≫에 대한 부교재인 셈이다.

언뜻 생각하기에 한자는 너무나 복잡하고 어려운 글자라는 선입견 때문에 공부를 시작하기 전부터 미리 흥미를 가지지도 못하고, 또 어떤 필요에 의해 시작은 했다 하더라도 제대로 속도 한 번 내 보지 못하고 그만 중도 포기하는 그런 경우를 더러 보아왔다.

그러나 어떻게 해서 한자가 만들어졌고 또 그 한자들이 어떤 의미를 내포하고 있는지에 대해 조금만 관심을 가지고 차근차근 접근을 하다 보면, 한자야말로 참으로 기가 막힐 정도로 재미있게 만들어진 문자요, 하면 할수록 재미있는 공부가 바로 한자 공부라는 사실을 깨닫게 될 수도 있다. 물론 어떤 분야든 분필을 든 사람은 대부분 자신이 가르치는 분야에 대하여 이렇게 달콤한 말을 할지 모른다. 그러나 한자는 대부분이 어떤 형상을 본떠서 만들고 어떤 의미와 목적을 가지고 만든 문자들이 주를 이루고 있기 때문에 각 글자들을 하나하나 뜯어보며 분석을 하다보면 마치 타임머신을 타고 그 한자들이 만들어졌던 그 당시를 여행하는 듯한 느낌을 받을 수 있기에 이런 말을 해도 감언이설이 아니라 할 것이다. 특히 현재의 자형(字形)으로 발전되기 이전의 갑골문(甲骨文)이나 금문(金文) 전서(篆書) 등을 보면 특히 그런 느낌이 더욱 생생하며, 본 교재에서 다루고 있는 부수들은 그런 흥미의 중심에 있다고 할 수 있다.

본교재의 특징은 한자에 대한 흥미를 유발시키고 적극적이며 공격적인 학습이 이루어질 수 있도록 유도하는데 중점을 두었다는 점이다. 그래서 부수도 주제별로 나누어 정리하고, 각 부수에 대한 설명도 간단명료하게 언급하였으며, 배운 부수를 활용하여 학습자가 직접 사전을 찾아 빈칸을 채워가면서 성취감을 맞볼 수 있도록 하였다. 그리고 네 글자를 배운 후에는 앞에서 인지한 내용을 잊어버리기 전에 복습을 통해 완전히 기억이 될 수 있도록 연습문제를 안배해 놓았다. 따라서 혼자 학습하는 독학자나 교육현장에서 교육을 담당하는 선생님들에게 유용한 학습 교재로 활용될 수 있으리라 생각된다.

본 필자는 문자학을 전공한 사람이 아니다. 때문에 학문적 깊이가 일천하여 분석 방법에 논리의 비약이나 견강부회한 논리 전개가 있을 지도 모르겠다는 생각에 다소 걱정이 된다. 하지만 대학에서 한자 강의를 하기 전부터 교육 현장에서 오랫동안 한자교육에 대한 고민을 지속적으로 해 왔었고, 또 "한자 지도사"를 배출하기 위한 연수과정에시 강의를 계속해 오면서 쌓은 연구 및 경험 등을 통하여 이러한 우(愚)를 최소화하고자 노력하였다.

아무튼 부족하고 잘못된 내용에 대해서는 여러분의 따뜻한 질정을 부탁드린다.

2009년 8월 18일

삼삼공 연구실에서 한상덕

차 례

제 1 장

사람과 관련된 부수

제 2 장

동물과 관련된 부수

제 3 장

조류와 관련된 부수

제 4 장

어류와 관련된 부수

제 5 장

자연과 관련된 부수

제 6 장

의식주와 관련된 부수

제 7 장

동작 및 형용과 관련된 부수

제 8 장

무기 및 도구와 관련된 부수

제 9 장

제도 및 풍습과 관련된 부수

제 10 장

숫자와 관련된 부수

부 록

1

사람과 관련된 부수

□01□
人 • 사람 인

人 (亻) 사람 인	

부수 해설

음은 仁(인)이고, 如(여)와 鄰(린)의 반절이다. 사람이 옆으로 서서 팔을 앞으로 뻗고 있는 모습을 본떠 만든 글자다. 따라서 〈人〉은 본래 〈사람〉이라는 뜻을 가지며, 이 부수글자가 포함된 글자는 〈사람〉과 연관된 뜻을 가진다. 다른 글자와 결합하여 〈변〉에 위치할 때는 〈亻〉형태로 쓰인다.

해당부수 한자

仁(어질 인), 今(이제 금), 代(대신 대), 任(맡길 임), 似(같을 사), 何(어찌 하), 作(지을 작), 便(편할 편), 備(갖출 비), 僞(거짓 위) 등.

한자의 활용

人 【사람】
- 인명 (　　　)
- 타인 (　　　)

似 【같다】
- 근사 (　　　)
- 유사 (　　　)

任 【맡기다】
- 임무 (　　　)
- 책임 (　　　)

作 【짓다, 만들다】
- 작업 (　　　)
- 합작 (　　　)

□02□

儿 • 어진사람 인

儿 어진사람 인	

부수 해설

음은 仁(인)이고, 而(이)와 鄰(린)의 반절이다. 사람이 걸어가고 있는 모습을 옆에서 보고 이를 본떠 만든 글자다. 따라서 〈人〉과 같이 〈사람〉이란 뜻을 가지는데, 〈人〉과 구별하기 위해 〈어진사람 인〉이라고 한다. 단독으로 쓰이지 못하며, 다른 글자와 결합하여 쓰이면 그 글자는 〈사람〉과 연관된 뜻을 가진다.

해당부수 한자

允(마땅할 윤), 元(으뜸 원), 兄(맏 형), 充(가득찰 충), 兆(조짐 조), 兇(흉할 흉), 先(앞 선), 光(빛 광), 克(이길 극), 免(면할 면), 兒(아이 아) 등.

한자의 활용

兄 【맏이】
- 형제 ( )
- 친형 ( )

光 【빛】
- 광명 ( )
- 역광 ( )

充 【가득차다】
- 충만 ( )
- 보충 ( )

兒 【아이】
- 아동 ( )
- 유아 ( )

03
力 · 힘 력

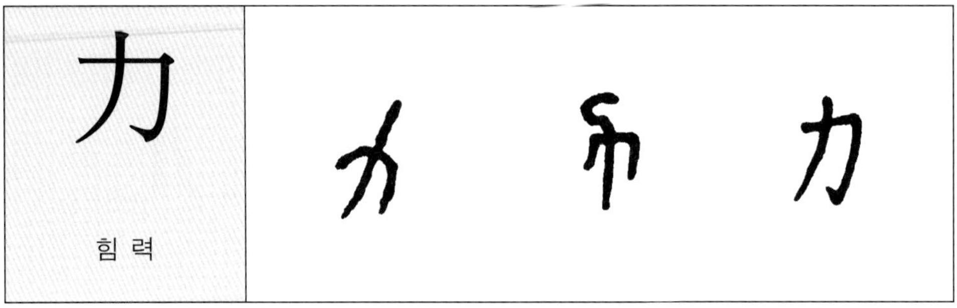

부수 해설

陵(릉)의 입성이고, 離(리)와 弋(익)의 반절이다. 건장한 남자의 근육이 불룩하게 튀어올라온 모습을 본떠 만든 글자다. 따라서 〈力〉은 본래 〈근육〉이란 뜻을 가진다. 그런데 〈근육〉은 힘의 상징이었던 관계로 뒤에 와서는 〈근육〉이란 뜻보다는 주로 〈힘〉이란 뜻으로 많이 쓰이게 되었다. 따라서 〈力〉자와 결합된 글자들은 대부분 〈힘〉과 연관된 뜻을 가진다.

해당부수 한자

功(공 공), 加(더할 가), 助(도울 조), 努(힘쓸 노), 勇(용감할 용), 勉(힘쓸 면), 動(움직일 동), 務(힘쓸 무), 勞(일할 로), 勢(기세 세) 등.

한자의 활용

力 【힘】
- 역량 (　　　)
- 수력 (　　　)

務 【힘쓰다】
- 급무 (　　　)
- 사무 (　　　)

動 【움직이다】
- 동작 (　　　)
- 활동 (　　　)

加 【더하다】
- 가감 (　　　)
- 증가 (　　　)

□04□

又 • 또 우

又

또 우

부수 해설

음은 宥(유—우)이고, 依(의)와 舊(구)의 반절이다. 오른손을 펴고 있을 때의 손바닥과 손가락을 간단하게 표현한 글자이다. 그래서 〈又〉의 원래 뜻은 〈오른손〉 〈가지다〉 〈돕다〉가 된다. 그러나 뒤에 와서 〈또〉라는 의미를 나타낼 때 〈又〉를 차용하였다. 그러나 〈又〉와 결합된 글자는 원래의 의미를 그대로 가지고 있는 경우가 많다. 단독으로 쓸 수 있는 제부수 글자다.

해당부수 한자

叉(교차할 차), 及(미칠 급), 友(벗 우), 反(돌이킬 반), 取(취할 취), 受(받을 수), 叛(배반할 반), 叢(모을 총) 등.

한자의 활용

友 【벗】
- 우정 (　　　)
- 교우 (　　　)

取 【취하다】
- 취득 (　　　)
- 취사 (　　　)

反 【돌이키다】
- 반성 (　　　)
- 상반 (　　　)

受 【받다】
- 수상 (　　　)
- 감수 (　　　)

연 습 문 제

1. 다음 글자의 부수 명칭을 쓰시오.

① 人 (　　　　　)
② 儿 (　　　　　)
③ 力 (　　　　　)
④ 又 (　　　　　)

2. 다음 설명에 맞는 부수글자를 쓰시오.

① 근육이 불룩하게 튀어올라온 모습을 본뜬 글자. (　)
② 손바닥과 손가락을 간단하게 표현한 글자. (　)
③ 사람이 옆으로 서서 팔을 뻗고 있는 모습을 본뜬 글자. (　)
④ 사람이 걸어가는 모습을 옆에서 보고 본뜬 글자. (　)

3. 다음 문장에서 올바른 한자어를 고르시오.

① 부족한 점을 보충(補充, 保充)하여라.
② 우리는 서로 합작(合作, 合昨) 회사를 차리기로 하였다.
③ 밀린 사무(思貿, 事務)가 너무나 많다.
④ 그는 수상(手相, 受賞) 소감을 간단하게 말했다.

4. 다음 한자어를 우리말로 읽어 보시오.

① 人名　他人　類似　近似　任務　責任　作業　合作
② 兄弟　親兄　光明　逆光　充滿　補充　兒童　幼兒
③ 力量　水力　急務　事務　動作　活動　加減　增加
④ 友情　交友　取得　取捨　反省　相反　受賞　甘受

□05□

口 • 입 구

口 입 구	

부수 해설

扣(구)의 상성이고, 苦(고)와 后(후)의 반절이다. 입을 크게 벌리고 있는 모습을 본떠 만든 글자다. 따라서 〈口〉는 본래 〈먹다〉 〈말하다〉는 뜻을 가진다. 단독으로 쓰이는 제부수 글자이며, 이 〈口〉와 결합된 글자는 입과 관계된 뜻을 가진다.

해당부수 한자

古(옛 고), 召(부를 소), 吹(불 취), 味(맛 미), 吸(마실 흡), 呼(부를 호), 命(명령할 명), 和(화할 화), 唱(부를 창), 問(물을 문), 嗚(탄식할 오) 등.

한자의 활용

口

【입】

•구강 (　　　)
•입구 (　　　)

唱

【부르다】

•창가 (　　　)
•합창 (　　　)

味

【맛】

•미각 (　　　)
•별미 (　　　)

問

【묻다】

•문답 (　　　)
•질문 (　　　)

□06□
大 • 큰 대

大

큰 대

부수 해설

음은 汰(태-대)이고, 徒(도)와 蓋(개)의 반절이다. 사람이 똑 바로 서서 양손과 다리를 가장 크게 벌리고 있는 모습을 본떠 만든 글자다. 따라서 〈大〉는 〈크다〉는 의미를 가지고 있다. 이 모습은 사람의 형상에서 나온 것이기에 〈사람〉이라는 의미도 가지고 있다. 단독으로 쓰이는 제부수 글자다.

해당부수 한자

天(하늘 천), 太(클 태), 夫(지아비 부), 夭(요절할 요), 央(가운데 앙), 失(잃을 실), 夷(오랑캐 이), 夾(낄 협), 奇(기이할 기), 奪(빼앗을 탈) 등.

한자의 활용

大

【크다】

- 대인 (　　　)
- 최대 (　　　)

夫

【지아비】

- 부부 (　　　)
- 장부 (　　　)

天

【하늘】

- 천지 (　　　)
- 우천 (　　　)

失

【잃다】

- 실망 (　　　)
- 과실 (　　　)

□07□
女 · 계집 녀

女 계집 녀	

부수 해설

음은 茹(여-녀)이고, 尼(니)와 呂(려)의 반절이다. 여자가 무릎을 꿇고 두 손을 모은 채 다소곳하게 앉아 있는 모습을 본떠 만든 글자다. 그래서 〈女〉는 〈여자〉라는 뜻을 가진다. 이 글자가 다른 글자와 결합되면 〈여자〉와 깊은 관계를 가진다. 남존여비 사상으로 인해 〈女〉가 들어있는 글자들은 좋지 못한 뜻을 가진 글자들이 많다. 단독으로 쓰이는 제부수 글자이다.

해당부수 한자

好(좋을 호), 奸(간음할 간), 妃(왕비 비), 奴(종 노), 妄(망령될 망), 妖(요괴 요), 妓(기생 기), 妬(질투할 투), 妻(아내 처), 婚(혼인할 혼), 婆(할머니 파)등.

한자의 활용

女 **【계집, 여자】**
- 여군 (   )
- 미녀 (   )

妄 **【망령되다】**
- 망령 (   )
- 노망 (   )

好 **【좋다】**
- 호인 (   )
- 양호 (   )

妓 **【기생】**
- 기녀 (   )
- 창기 (   )

□08□

子 • 아들 자

子

아들 자

부수 해설

음은 紫(자)이고, 咨(자)와 此(차)의 반절이다. 포대기에 싸인 어린 아이가 두 손을 위로 벌린 모습을 본떠 만든 글자다. 따라서 〈子〉는 원래 〈아이〉라는 뜻을 가진다. 그러나 때로 우리나라에서는 〈아들〉이란 뜻으로 통용되고 있다. 〈子〉는 단독으로 쓰이는 제부수 글자다.

해당부수 한자

孔(구멍 공), 字(글자 자), 存(있을 존), 孝(효도 효), 孟(맏 맹), 季(계절 계), 孫(손자 손), 學(배울 학), 孺(젖먹이 유) 등.

한자의 활용

子 【아들】
- 자손 (　　　)
- 부자 (　　　)

孝 【효도】
- 효도 (　　　)
- 충효 (　　　)

存 【있다】
- 존재 (　　　)
- 현존 (　　　)

學 【배우다】
- 학문 (　　　)
- 개학 (　　　)

연 습 문 제

1. 다음 글자의 부수 명칭을 쓰시오.

① 口 (　　　　　)
② 大 (　　　　　)
③ 女 (　　　　　)
④ 子 (　　　　　)

2. 다음 설명에 맞는 부수글자를 쓰시오.

① 어린 아이가 두 손을 위로 벌린 모습을 본뜬 글자. (　)
② 사람이 양손과 다리를 크게 벌리고 있는 모습을 본뜬 글자. (　)
③ 입을 크게 벌리고 있는 모습을 본뜬 글자. (　)
④ 여자가 무릎을 꿇고 앉아 있는 모습을 본뜬 글자. (　)

3. 다음 문장에서 올바른 한자어를 고르시오.

① 우리는 서로 문답(問答, 聞答)을 통해 내용을 복습하였다.
② 어떤 부부(父婦, 夫婦)는 사이가 좋지 않다.
③ 수학 성적은 양호(養虎, 良好)한 편이다.
④ 우리는 충효(忠孝, 忠老) 사상을 잘 이해하고 있다.

4. 다음 한자어를 우리말로 읽어 보시오.

① 口腔　入口　唱歌　合唱　味覺　別味　問答　質問
② 大人　最大　夫婦　丈夫　天地　雨天　失望　過失
③ 女軍　美女　妄靈　老妄　好人　良好　妓女　娼妓
④ 子孫　父子　孝道　忠孝　存在　現存　學問　開學

□09□
寸 • 마디 촌

寸

마디 촌

부수 해설

村(촌)의 거성이고, 倉(창)과 困(곤)의 반절이다. 오른 손을 벌린 모습에 점이 있는 형태의 글자이다. 이 점은 손목에서 조금 떨어진 곳에 맥박을 재는 위치를 가리킨 것으로 손목에서 여기까지의 거리는 손가락 한마디 쯤 되는 곳이다. 따라서 〈寸〉은 원래 〈손가락 한 마디〉를 뜻하는 것이었으나, 점차 의미가 확대되어 〈조금〉〈약간〉〈법도〉〈기준〉의 뜻도 가지게 되었다.

해당부수 한자

寺(절 사), 封(봉할 봉), 射(쏠 사), 將(장수 장), 專(오로지 전), 尊(높을 존), 尋(찾을 심), 對(대할 대), 導(인도할 도) 등.

한자의 활용

寸

【마디】
- •촌지 (　　　)
- •사촌 (　　　)

對

【대하다】
- •대면 (　　　)
- •상대 (　　　)

射

【쏘다】
- •사수 (　　　)
- •속사 (　　　)

導

【인도하다】
- •도언 (　　　)
- •선도 (　　　)

□10□

尢 • 절름발이 왕

尢 (兀, 尣) 절름발이 왕	

부수 해설

음은 汪(왕)이고, 烏(오)와 光(광)의 반절이다. 이 글자는 한 다리가 짧은 사람이 걸어가는 모습을 본떠 만든 글자다. 따라서 〈尢〉의 본 뜻은 〈절름발이〉다. 사람이 팔다리를 벌리고 있는 〈大〉와 비슷하지만, 다리의 균형이 맞지 않음을 알 수 있다. 역시 〈大〉에서 나온 글자다. 단독으로 쓰이지 않으며, 다른 글자와 결합하는 경우도 별로 많지 않다.

해당부수 한자

尤(더욱 우), 尨(클 방), 尪(절름발이 왕), 尰(수종다리 종), 就(나아갈 취) 등.

한자의 활용

尨

【크다】

•방대 (　　　)

就

【나아가다】

•취직 (　　　)

•거취 (　　　)

□11□

心 · 마음 심

心 (忄, ⺗) 마음 심	

부수 해설

음은 芯(심)이고, 思(사)와 林(림)의 반절이다. 좌우의 심실과 심방이 뚜렷한 심장을 본떠 만든 글자다. 따라서 〈心〉의 본래 뜻은 〈심장〉이다. 그러나 뒤에 와서 〈심장〉은 〈마음〉과 깊은 관계가 있다고 보아 〈마음〉을 더욱 대표하게 되었다. 〈心〉은 단독으로 쓰이는 제부수 글자다. 다른 글자와 결합되면 〈忄〉과 〈⺗〉의 모양으로 변형되어 결합되는 경우가 많다.

해당부수 한자

必(반드시 필), 忍(참을 인), 忘(잊을 망), 思(생각 사), 悲(슬플 비), 悅(기쁠 열), 情(뜻 정), 愼(삼가할 신), 憎(미워할 증), 恭(공경할 공), 慕(사모할 모)등

한자의 활용

思 【생각하다】
- 사상 (　　　)
- 심사 (　　　)

恭 【공경하다】
- 공경 (　　　)
- 공손 (　　　)

情 【뜻】
- 정감 (　　　)
- 모정 (　　　)

慕 【사모하다】
- 사모 (　　　)
- 애모 (　　　)

□12□

手 • 손수

手

(扌)

손 수

부수 해설

음은 首(수)이고, 書(서)와 九(구)의 반절이다. 손을 쫙 편 모습을 본떠 만든 글자다. 이는 〈왼손〉 〈오른손〉의 구분이 없이 손가락을 모두 편 손이다. 따라서 〈手〉는 〈손〉이라는 뜻을 가리킨다. 단독으로 쓰이는 제부수 글자이며, 다른 글자와 결합을 하면 〈손〉과 관계된 뜻을 가지고, 결합 시 〈변〉의 위치에 있게 되면 〈扌〉와 같이 변형된 모습으로 쓰인다.

해당부수 한자

拜(절 배), 拳(주먹 권), 打(칠 타), 投(던질 투), 折(꺾을 절), 招(부를 초), 指(손가락 지), 拒(막을 거), 持(가질 지), 換(바꿀 환), 擇(가릴 택) 등.

한자의 활용

手

【손】

- 수족 (   )
- 세수 (   )

指

【손가락】

- 지문 (   )
- 식지 (   )

折

【꺾다】

- 절반 (   )
- 요절 (   )

擇

【가리다】

- 택일 (   )
- 선택 (   )

연습문제

1. 다음 글자의 부수 명칭을 쓰시오.

① 寸 (　　　　　)
② 尢 (　　　　　)
③ 心 (　　　　　)
④ 手 (　　　　　)

2. 다음 설명에 맞는 부수글자를 쓰시오.

① 좌우의 심실과 심방이 뚜렷한 심장을 본떠 만든 글자. (　)
② 손을 쫙 편 모습을 본떠 만든 글자. (　)
③ 한 다리가 짧은 사람이 걸어가는 모습을 본떠 만든 글자. (　)
④ 오른 손을 벌린 모습에 점이 있는 형태의 글자. (　)

3. 다음 문장에서 올바른 한자어를 고르시오.

① 그와는 대면(對面, 大面)조차 없었다.
② 앞으로의 거취(去取, 去就)문제를 결정해야 한다.
③ 어쨌든 심사(深謝, 深思) 숙고한 후에 결정해라.
④ 우선 세수(稅收, 洗手)부터 하자.

4. 다음 한자어를 우리말로 읽어 보시오.

① 寸志　四寸　對面　相對　射手　速射　導言　先導
② 尨大　就職　去就
③ 思想　深思　恭敬　恭遜　情感　母情　思慕　愛慕
④ 手足　洗手　指紋　食指　折半　夭折　擇日　選擇

□13□
曰 • 가로 왈

曰 가로 왈	

부수 해설

음은 越(월-왈)이고, 王(왕)과 伐(벌)의 반절이다. 사람이 입을 약간 벌리고 말을 하는 모습을 본떠 만든 글자다. 그래서 〈曰〉의 본래 뜻은 〈말하다〉이다. 〈가로 왈〉이라 할 때의 〈가로〉는 〈횡〉을 이야기 하는 것이 아니라 〈말하다〉는 뜻이다. 단독으로 쓰이는 제부수 글자다.

해당부수 한자

曲(굽을 곡), 更(고칠 경), 書(글 서), 曾(일찍 증), 替(대신할 체), 最(가장 최), 會(모일 회) 등.

한자의 활용

曰

【말하다】

- 왈가왈부 (　　　　　)

書

【글, 쓰다】

- 서점 (　　　)
- 독서 (　　　)

曲

【굽다】

- 곡선 (　　　)
- 작곡 (　　　)

會

【모이다】

- 회담 (　　　)
- 조회 (　　　)

□14□

歹 • 뼈 앙상할 알

歹

(歺)

뼈 앙상할 알

(죽을사 변)

부수 해설

음은 蘖(얼-알)이고, 五(오)와 割(할)의 반절이다. 사람 정강이뼈의 살을 발라내고 남은 앙상한 뼈의 모습을 본떠 만든 글자다. 따라서 〈歹〉의 본래 뜻은 〈앙상하게 남은 뼈〉이다. 점차 의미가 확대되어 〈죽음〉을 뜻하게 되었다. 단독으로는 쓰이지 않으며 다른 글자와 결합되면 〈죽음〉이란 뜻과 연관성을 가진다.

해당부수 한자

死(죽을 사), 殃(재앙 앙), 殆(위태로울 태), 殉(순장할 순), 殊(죽을 수), 殘(쇠잔할 잔), 殞(죽을 운), 殯(빈소 빈) 등.

한자의 활용

死

【죽다】

•사망 (　　　)

•생사 (　　　)

殆

【위태하다】

•위태 (　　　)

殃

【재앙】

•재앙 (　　　)

殉

【순장하다】

•순국 (　　　)

•순절 (　　　)

□15□

爪 • 손톱 조

爪 (爫) 손톱 조	

부수 해설

음은 抓(조)이고, 側(측)과 絞(교)의 반절이다. 독수리와 같이 날카로운 새의 발톱을 본떠 만든 글자다. 따라서 〈爪〉의 본래 뜻은 〈발톱〉이다. 그런데 이것이 뒤에 와서 새의 발톱과 사람의 손톱의 기능이 비슷한 관계로 사람 〈손톱〉을 뜻하게 되었다. 단독으로 쓰이는 제부수 글자이며, 이 글자와 결합되는 글자는 〈손〉이나 〈손톱〉과 연관된 뜻을 가진다.

해당부수 한자

爭(다툴 쟁), 爬(긁을 파), 爲(할 위), 爵(벼슬 작) 등.

한자의 활용

爪

【손톱】

•조각 (　　　)

•아조 (　　　)

爲

【하다】

•위주 (　　　)

•행위 (　　　)

爭

【다투다】

•쟁론 (　　　)

•전쟁 (　　　)

爵

【벼슬】

•작위 (　　　)

•공작 (　　　)

□16□

父 • 아비 부

父 아비 부	

부수 해설

음은 輔(보-부)이고, 奉(봉)과 甫(보)의 반절이다. 갑골문을 보면 〈父〉자의 자형은 한 손으로 돌도끼를 들고 있는 모습을 보이고 있는데, 이는 남자가 일을 하는 모습을 본떠 만든 글자가 아닌가 한다. 이는 점차 〈아버지〉의 뜻을 가지게 되었는데, 단독으로 쓰이는 제부수 글자이다. 다른 글자와 결합을 하면 〈아버지〉와 관련된 뜻을 가진다.

해당부수 한자

爸(아비 파), 爺(아비 야), 爹(아비 다) 등.

한자의 활용

父

【아버지】

- 부모 (　　　)
- 백부 (　　　)

爺

【아버지】

- 야야 (　　　)
- 노야 (　　　)

연 습 문 제

1. 다음 글자의 부수 명칭을 쓰시오.

① 曰 (　　　　　)
② 歹 (　　　　　)
③ 爪 (　　　　　)
④ 父 (　　　　　)

2. 다음 설명에 맞는 부수글자를 쓰시오.

① 남자가 일을 하는 모습을 본떠 만든 글자. (　)
② 정강이뼈의 앙상한 뼈만 남은 모습을 본떠 만든 글자. (　)
③ 독수리와 같이 날카로운 새의 발톱을 본떠 만든 글자. (　)
④ 사람이 입을 약간 벌리고 말을 하는 모습을 본떠 만든 글자. (　)

3. 다음 문장에서 올바른 한자어를 고르시오.

① 우리는 서점(書店, 西點)에서 책을 샀다.
② 한 노인이 길에서 사망(四望, 死亡)하였다.
③ 어떤 친구는 암기 위주(爲主, 爲住)로 공부를 한다.
④ 우리는 부모(父母, 夫毋)님의 은혜에 감사해야 한다.

4. 다음 한자어를 우리말로 읽어 보시오.

① 曰可曰否　書店　讀書　曲線　作曲　會談　朝會
② 死亡　生死　危殆　災殃　殉國　殉節
③ 爪角　牙爪　爲主　行爲　爭論　戰爭　爵位　公爵
④ 父母　伯父　爺爺　老爺

□17□

牙 • 어금니 아

牙 어금니 아	

부수 해설

음은 芽(아)이고, 五(오)와 加(가)의 반절이다. 이는 꽉 깨문 어금니의 모습을 본뜬 다음, 이를 옆으로 세워 만든 글자다. 따라서 〈牙〉는 〈이〉를 뜻하며, 〈이〉 중에서도 〈어금니〉를 뜻한다. 이에 반해 〈이〉의 뜻으로 쓰이는 〈齒〉는 〈앞니〉를 뜻한다. 단독으로 쓰이는 제부수 글자이다. 이 부수와 함께 결합되는 글자는 한둘에 지나지 않으며 잘 쓰이지 않는다.

해당부수 한자

掌(버틸 탱).

한자의 활용

牙 【어금니】
- 상아 ( )
- 치아 ( )

☆ 雅 【아담할 아, 隹부】
- 아악 ( )
- 고아 ( )

□18□

疋 • 발 소

疋

발 소
(짝 필)

부수 해설

음은 疏(소)이고, 朔(삭)과 於(오 : 까마귀 오의 古字)의 반절이다. 이는 무릎을 포함한 발, 즉 다리를 본떠 만든 글자다. 따라서 본래의 뜻은 〈발〉이다. 〈疋〉는 단독으로 쓰이는 제부수 글자이나, 현재 활용되는 경우는 거의 없다. 〈疋〉가 다른 글자와 결합이 되면 그 글자는 〈발〉과 연관된 뜻을 가지는 경우가 많다.

해당부수 한자

疏(멀 소), 疑(의심할 의), 疐(엎드릴 치).

한자의 활용

疎

【멀다】

- 소원 (　　　)
- 소외 (　　　)

疑

【의심하다】

- 의심 (　　　)
- 질의 (　　　)

□19□

疒 • 병들 녁

疒 병들 녁	

부수 해설

음은 昵(녁)이고, 尼(니)와 厄(액)의 반절이다. 이는 병이 든 사람이 침상에 누워 있는 모습에서 비롯된 글자다. 그래서 〈疒〉은 원래 〈질병〉의 뜻을 가지며, 이 〈疒〉자와 결합된 글자는 〈질병〉과 깊은 관계를 가진다. 필순은 우선 〈广〉을 쓴 후에 왼쪽의 두 점을 마지막에 찍는다.

해당부수 한자

疫(염병 역), 疲(피곤할 피), 疾(병 질), 病(병들 병), 症(증세 증), 痔(치질 치), 痕(흉터 흔), 痰(가래 담), 癌(암 암) 등.

한자의 활용

疾 【병】
- •질병 (　　　)
- •천질 (　　　)

症 【증세】
- •증상 (　　　)
- •병증 (　　　)

病 【병들다】
- •병명 (　　　)
- •노병 (　　　)

癌 【암】
- •위암 (　　　)
- •간암 (　　　)

□20□

癶 • 팔자걸음 발

癶 팔자걸음 발 (필 발)	

부수 해설

음은 鉢(발)이고, 補(보)와 豁(활)의 반절이다. 이는 사람이 팔자걸음을 걷는 모습에서 나온 글자다. 따라서 〈癶〉의 본래 뜻은 〈팔자걸음〉이다. 이는 단독으로 쓰이지 못하며, 다른 글자와 결합하여 〈걸음〉과 관계된 의미를 나타내는데 그 글자 수는 많지 않다.

해당부수 한자

癸(천간 계), 登(오를 등), 發(필 발) 등.

한자의 활용

登

【오르다】

•등산 (　　　)
•등교 (　　　)

發

【피다】

•발생 (　　　)
•만발 (　　　)

연습문제

1. 다음 글자의 부수 명칭을 쓰시오.

① 牙 (　　　　　)
② 疋 (　　　　　)
③ 疒 (　　　　　)
④ 癶 (　　　　　)

2. 다음 설명에 맞는 부수글자를 쓰시오.

① 병이 든 사람이 침상에 누워 있는 모습에서 비롯된 글자. (　)
② 사람이 팔자걸음을 걷는 모습에서 나온 글자. (　)
③ 무릎을 포함한 발, 즉 다리를 본떠 만든 글자. (　)
④ 꼭 깨문 어금니의 모습을 본뜬 다음 옆으로 세워 만든 글자. (　)

3. 다음 문장에서 올바른 한자어를 고르시오.

① 그녀는 고아(高雅, 孤兒)한 성품을 가졌다.
② 사람을 썼으면 의심(疑心, 義心)하지 말아라.
③ 그는 병명(病名, 兵名)을 알 수 없는 병에 걸렸다.
④ 내일은 등교(登校, 等教)하지 않는다.

4. 다음 한자어를 우리말로 읽어 보시오.

① 象牙　齒牙　雅樂　高雅
② 疎遠　疏外　疑心　質疑
③ 疾病　天疾　症狀　病症　病名　老病　胃癌　肝癌
④ 登校　登山　發生　滿發

□21□
白 • 흰 백

白

흰 백

부수 해설

음은 帛(백)이고, 步(보)와 額(액)의 반절이다. 이는 갑골문의 형태를 보면 〈엄지손가락의 손톱모양〉을 하고 있다. 〈흰쌀〉·〈촛불〉 등 여러 해석이 있기도 하지만, 여하튼 줄곧 〈하얗다〉는 뜻으로 쓰여왔다. 확대되어 〈희다〉·〈드러나다〉·〈밝다〉 등의 의미를 나타내기도 한다. 단독으로 쓰이는 제부수 글자이다.

해당부수 한자

百(일백 백), 的(과녁 적), 皆(모두 개), 皇(임금 황), 皎(달밝을 교), 皓(흴 호) 등.

한자의 활용

白

【희다】

- 백색 (　　　)
- 명백 (　　　)

皇

【임금】

- 황제 (　　　)
- 천황 (　　　)

百

【일백】

- 백년 (　　　)
- 백성 (　　　)

的

【적중시키다】

- 적중 (　　　)
- 적확 (　　　)

□22□

目 • 눈 목

目 눈 목	

부수 해설

음은 木(목)이고, 莫(막)과 祿(록)의 반절이다. 이는 눈의 모습을 본떠 만든 글자다. 처음에는 가로 눈 그대로 쓰다가 뒤에 와서 이를 세워 씀으로써 지금의 〈目〉이 되었다. 그래서 〈目〉은 본래 〈눈〉이란 뜻을 가진다. 단독으로도 쓰이지만, 다른 글자와 결합을 하게 되면 그 글자는 주로 〈눈〉과 관계되는 뜻을 가진다.

해당부수 한자

盲(장님 맹), 看(볼 간), 省(살필 성), 眉(눈썹 미), 相(서로 상), 冒(무릅쓸 모), 眩(현혹할 현), 眠(잠잘 면), 眼(눈 안), 直(곧을 직), 睛(눈동자 정) 등.

한자의 활용

目 【눈】
- 목전 (　　　)
- 면목 (　　　)

相 【서로】
- 상호 (　　　)
- 상대 (　　　)

省 【살피다】
- 성찰 (　　　)
- 반성 (　　　)

眼 【눈】
- 안전 (　　　)
- 백안 (　　　)

□23□

立 · 설 립

立 설 립	

부수 해설

음은 力(력-립)이고, 力(력)과 入(입)의 반절이다. 사람이 땅 위에 두 팔과 다리를 벌리고 정면으로 서 있는 모습을 본떠 만든 글자다. 따라서 〈立〉의 본래 뜻은 〈서 있다〉는 뜻이다. 단독으로 쓰이는 제부수 글자다.

해당부수 한자

站(역마을 참), 竝(아우를 병), 竟(마침내 경), 章(글월 장), 竣(일마칠 준), 童(아이 동), 竭(다할 갈), 端(바를 단), 競(다툴 경) 등.

한자의 활용

童 【아이】
- 동심 ( )
- 아동 ( )

章 【글월】
- 문장 ( )
- 인장 ( )

競 【다투다】
- 경마 ( )
- 경주 ( )

端 【단정, 끝】
- 단정 ( )
- 말단 ( )

□24□

老 · 늙을 로

老

(耂)

늙을 로

부수 해설

음은 栳(로)이고, 魯(로)와 皓(호)의 반절이다. 이는 허리가 굽은 노인이 지팡이를 짚고 있는 모습을 본떠 만든 글자다. 그래서 〈老〉의 원래 뜻은 〈노인〉이란 뜻이다. 이것이 확대되어 〈늙다〉 〈오래되다〉는 뜻도 가지게 되었다. 단독으로 쓰이는 제부수 글자이며, 다른 글자와 결합될 때는 〈耂〉의 형태로 생략되어 쓰이는 경우도 있다.

해당부수 한자

考(상고할 고), 耄(늙은이 모), 耆(늙은이 기), 者(놈 자) 등.

한자의 활용

老

【늙다】

- 노모 (　　　)
- 원로 (　　　)

者

【사람】

- 작자 (　　　)
- 환자 (　　　)

考

【상고하다】

- 고찰 (　　　)
- 참고 (　　　)

☆ 孝

【효도 효, 子부】

- 효도 (　　　)
- 충효 (　　　)

연 습 문 제

1. 다음 글자의 부수 명칭을 쓰시오.

① 白 (　　　　　)
② 目 (　　　　　)
③ 立 (　　　　　)
④ 老 (　　　　　)

2. 다음 설명에 맞는 부수글자를 쓰시오.

① 눈의 모습을 본떠 만든 글자. (　)
② 사람이 두 팔과 다리를 벌리고 정면으로 서 있는 모습. (　)
③ 노인이 지팡이를 짚고 있는 모습을 본떠 만든 글자. (　)
④ 엄지손가락의 손톱모양을 본떠 만든 글자. (　)

3. 다음 문장에서 올바른 한자어를 고르시오.

① 나라의 지도자는 백성(白成, 百姓)을 잘 위할줄 알아야 한다.
② 그는 잘못을 하고도 반성(反省, 半聲)하지 않았다.
③ 때로는 세 살 때의 동심(同心, 童心)으로 돌아갈 때가 있다.
④ 병원에는 환자(患者, 忠考)들이 많았다.

4. 다음 한자어를 우리말로 읽어 보시오.

① 白色　明白　皇帝　天皇　百年　百姓　的中　的確
② 目前　面目　相互　相對　省察　反省　眼前　白眼
③ 童心　兒童　文章　印章　競馬　競走　端正　末端
④ 老母　元老　作者　患者　考察　參考　孝道　忠孝

□25□

而 • 어조사 이

而 어조사 이	

부수 해설

음은 栭(이)이고, 日(일)과 怡(이)의 반절이다. 이는 턱에 난 긴 수염을 본떠 만든 글자다. 그래서 〈而〉의 본래 뜻은 〈턱수염〉이다. 그러나 지금에 와서 본래의 뜻은 거의 찾아 볼 수 없고 〈어조사〉로, 혹은 〈너〉 〈그리고〉 〈그러나〉 등의 뜻으로 쓰이고 있다. 단독으로 쓰이는 제부수 글자이다.

해당부수 한자

耍(희롱할 솨), 耎(약할 연), 耐(참을 내), 耑(끝 단) 등.

한자의 활용

而 【말을 잇다】

- 이립 (　　　)
- 연이 (　　　)

耐 【견디다】

- 내구 (　　　)
- 인내 (　　　)

□26□

耳 • 귀 이

耳 귀 이	

부수 해설

음은 洱(이)이고, 而(이)와 止(지)의 반절이다. 이는 바깥의 귀의 윤곽을 본떠 만든 글자다. 따라서 〈耳〉의 본래 뜻은 〈귀〉이다. 〈귀〉는 소리를 듣는 역할을 하기 때문에 〈말〉과 〈소리〉와도 연관을 가진다. 단독으로 쓰이는 제부수 글자이며, 다른 글자와 결합되면 〈귀〉나 〈소리〉와 관계된 뜻을 가진다.

해당부수 한자

耽(노려볼 탐), 聖(성인 성), 聘(부를 빙), 聞(들을 문), 聯(이을 련), 聰(총명할 총), 聲(소리 성), 職(직분 직), 聽(들을 청), 聾(귀머거리 롱) 등.

한자의 활용

耳

【귀】

•이목 (　　　)

•역이 (　　　)

聲

【소리】

•음성 (　　　)

•육성 (　　　)

聞

【듣다】

•신문 (　　　)

•견문 (　　　)

聽

【듣다】

•청력 (　　　)

•시청 (　　　)

□27□

臣 • 신하 신

臣 신하 신	

부수 해설

음은 辰(신)이고, 匙(시)와 寅(인)의 반절이다. 갑골문을 보면 사람이 고개를 숙인 상태에서의 눈 모양을 하고 있다. 이는 노예가 주인 앞에서 취하는 자세에서 볼 수 있는 모습이라고 한다. 그래서 〈臣〉의 본래 뜻은 〈노예〉란 뜻이었는데, 후에 〈신하〉의 의미로 확대되었다. 단독으로 쓰이는 제부수 글자이다. 원래는 총획수가 6획이었으나, 7획으로 쓰기도 한다.

해당부수 한자

臥(누울 와), 臨(임할 임), 臧(착할 장) 등.

한자의 활용

臣

【신하】

•신하 (　　　)

•충신 (　　　)

臨

【임하다】

•임시 (　　　)

•임종 (　　　)

臥

【눕다】

•와병 (　　　)

•와상 (　　　)

□28□

自 • 스스로 자

自 스스로 자 (코 자)	

부수 해설

음은 字(자)이고, 賊(적)과 次(차)의 반절이다. 이는 사람의 코를 본떠 만든 글자다. 그래서 〈自〉의 본래 뜻은 〈코〉다. 그런데 〈자기 자신〉을 가리킬 때 〈코〉를 가리키는 습관에 따라 〈自〉는 점차 〈스스로〉 〈자기〉의 뜻으로 굳어진 것으로 보인다. 그러나 〈自〉와 결합된 글자의 의미를 보면 〈코〉의 의미와 가까운 것이 많다. 단독으로 쓰이는 제부수 글자이다.

해당부수 한자

臭(냄새 취), 臬(말뚝 얼) 등.

한자의 활용

自 【스스로】
- 자기 ( )
- 각자 ( )

☆ **息** 【쉴 식, 心부】
- 휴식 ( )
- 기식 ( )

臭 【냄새】
- 악취 ( )

☆ **鼻** 【코 비, 鼻부】
- 비소 ( )
- 비음 ( )

연 습 문 제

1. 다음 글자의 부수 명칭을 쓰시오.

① 而 (　　　　　)
② 耳 (　　　　　)
③ 臣 (　　　　　)
④ 自 (　　　　　)

2. 다음 설명에 맞는 부수글자를 쓰시오.

① 귀바퀴의 윤곽을 본떠 만든 글자. (　)
② 고개를 숙인 사람의 눈 모양을 하고 있는 모습의 글자. (　)
③ 사람의 코를 본떠 만든 글자. (　)
④ 턱에 난 긴 수염을 본떠 만든 글자. (　)

3. 다음 문장에서 올바른 한자어를 고르시오.

① 무슨 일을 하든 인내(忍耐, 仁內)가 필요하다.
② 오늘은 TV를 시청(市廳, 視聽)하도록 한다.
③ 임시(臨時, 臨視)로 내가 반장이 되었다.
④ 자기 (自欺, 自己) 일은 자기가 하자.

4. 다음 한자어를 우리말로 읽어 보시오.

① 而立　然而　耐久　忍耐
② 耳目　逆耳　音聲　肉聲　新聞　見聞　聽力　視聽
③ 臣下　忠臣　臨時　臨終　臥病　臥床
④ 自己　各自　休息　氣息　惡臭　鼻笑　鼻音

□29□

舌 • 혀 설

舌 혀 설	

부수 해설

然(연)의 입성이고, 食(식)과 糵(얼)의 반절이다. 갑골문을 보면 입에서 두 갈래의 혀가 나온 형상을 하고 있다. 이는 맛을 보기 위한 표현이 아닌가 한다. 때문에 〈舌〉은 원래 〈혀〉라는 뜻을 가지며, 확대되어 〈말〉이란 의미로도 쓰인다. 단독으로 쓰이는 제부수 글자다.

해당부수 한자

舍(집 사), 舐(핥을 지), 舒(펼 서) 등.

한자의 활용

舌

【혀】

•설근 (　　)
•설전 (　　)

舍

【집】

•사옥 (　　)
•숙사 (　　)

□30□

言 • 말씀 언

言 말씀 언	

부수 해설

䲨(염)의 평성이고, 語(어)와 軒(헌)의 반절이다. 갑골문에서 〈舌〉자는 입에서 나온 두갈래의 혀로 나타내고 있는데, 〈言〉은 그 위에 한 획이 더 있는 형상이다. 이는 퉁소를 불고 있는 혀의 모습으로 보는 사람도 있다. 어쨌든 〈言〉의 원래 뜻은 〈소리〉이며, 확대되어 〈말〉이란 뜻을 가진다. 단독으로 쓰이며, 다른 글자와 결합되면 〈말〉과 깊은 관계를 가진다.

해당부수 한자

計(계산할 계), 討(칠 토), 訓(가르칠 훈), 記(기록할 기), 詞(말 사), 語(말씀 어), 誠(정성 성), 說(말씀 설), 談(말씀 담), 議(의논할 의), 讀(읽을 독) 등.

한자의 활용

訓

【가르치다】
- 훈시 (　　　)
- 교훈 (　　　)

說

【말하다】
- 설명 (　　　)
- 전설 (　　　)

記

【기록하다】
- 기억 (　　　)
- 필기 (　　　)

讀

【읽다】
- 독서 (　　　)
- 속독 (　　　)

□31□

足 · 발 족

足 발 족	

부수 해설

음은 哫(족)이고, 租(조)와 旭(욱)의 반절이다. 사람의 정강이를 포함하여 발바닥까지의 발의 모습을 본떠 만든 글자다. 따라서 〈足〉은 〈발〉을 뜻한다. 때로 〈足〉이 〈충분하다〉는 의미로 쓰이는 때가 있는데, 이는 가차한 뜻이다. 단독으로 쓰이는 제부수 글자이며, 다른 글자와 결합되면 〈발〉과 깊은 관계를 가진다.

해당부수 한자

跋(밟을 발), 跌(넘어질 질), 踞(떨어질 거), 路(길 로), 跳(뛸 도), 踏(밟을 답), 踐(밟을 천), 蹴(찰 축), 躊(머뭇거릴 주), 躇(머뭇거릴 저), 躍(뛸 약) 등.

한자의 활용

足 【발】
- 족구 ( )
- 수족 ( )

跳 【뛰다】
- 도약 ( )

路 【길】
- 노면 ( )
- 도로 ( )

蹴 【차다】
- 축구 ( )

□32□

身 • 몸 신

身 몸 신	

부수 해설

음은 申(신)이고, 詩(시)와 因(인)의 반절이다. 이는 배가 불룩한 사람이 옆으로 서 있는 모습 전체를 본떠 만든 글자다. 따라서 〈身〉의 본래 뜻은 〈몸〉이란 뜻을 가진다. 독립적으로 쓰이는 제부수 글자이며, 다른 글자와 결합되면 그 글자는 주로 〈몸〉과 연관된 뜻을 가진다.

해당부수 한자

躬(몸소 궁), 軀(몸 구), 躱(몸 타), 軃(늙어질 타) 등.

한자의 활용

身

【몸】

- 신체 (　　　)
- 심신 (　　　)

躬

【몸소】

- 궁행 (　　　)

연 습 문 제

1. 다음 글자의 부수 명칭을 쓰시오.

① 舌 (　　　　　)
② 言 (　　　　　)
③ 足 (　　　　　)
④ 身 (　　　　　)

2. 다음 설명에 맞는 부수글자를 쓰시오.

① 사람이 옆으로 서 있는 모습 전체를 본떠 만든 글자. (　)
② 입에서 나온 두갈래의 혀 위에 한 획이 더 있는 형상의 글자. (　)
③ 입에서 두 갈래의 혀가 나온 형상을 한 글자. (　)
④ 사람의 정강이부터 발바닥까지 발의 모습을 본떠 만든 글자. (　)

3. 다음 문장에서 올바른 한자어를 고르시오.

① 우리 학교에는 학생 숙사(熟思, 宿舍)가 없다.
② 심청이의 이야기에서 큰 교훈(敎訓, 校訓)을 얻었다.
③ 도로(逃路, 道路)에는 차들이 많았다.
④ 심신(心身, 深信)이 건강해야 바른 생각을 하게 된다.

4. 다음 한자어를 우리말로 읽어 보시오.

① 舌根　舌前　社屋　宿舍
② 訓示　敎訓　說明　傳說　記憶　筆記　讀書　速讀
③ 足球　手足　跳躍　路面　道路　蹴球
④ 身體　心身　躬行

□33□
面 • 얼굴 면

面

얼굴 면

부수 해설

음은 偭(면)이고, 彌(미)와 箭(전)의 반절이다. 이는 사람의 얼굴을 구체적으로 본떠 만든 글자다. 따라서 〈面〉의 본래 뜻은 〈얼굴〉이다. 단독으로 쓰이는 제부수 글자다. 다른 글자와 결합될 때 〈얼굴〉과 관계된 뜻을 가지나, 결합되는 글자가 그렇게 많지 않다.

해당부수 한자

靤(면종 포), 靦(부끄러워할 전), 靧(세수할 회) 등.

한자의 활용

面

【얼굴】

- 면상 (   )
- 평면 (   )

□34□

頁 • 머리 혈

頁 머리 혈	

부수 해설

음은 纈(힐-혈)이고, 胡(호)와 結(결)의 반절이다. 이는 사람이 쪼그리고 앉아 있는 모습을 본떠 만든 글자다. 특히 윗부분을 크게 그린 것은 〈머리〉를 강조하기 위한 것이 아닌가 한다. 그래서 〈頁〉의 본래 뜻은 〈머리〉, 즉 〈머리부분〉이 된다. 다른 글자와 결합을 하면 대부분 〈머리〉와 관련된 뜻을 가진다.

해당부수 한자

頂(정수리 정), 項(목덜미 항), 順(순할 순), 預(미리 예), 頭(머리 두), 題(이마 제), 顔(얼굴 안), 願(원할 원), 顧(돌아볼 고), 顯(나타날 현) 등.

한자의 활용

頭 【머리】
- 두건 (　　　)
- 화두 (　　　)

顔 【얼굴】
- 안색 (　　　)
- 동안 (　　　)

題 【이마】
- 제목 (　　　)
- 문제 (　　　)

顧 【돌아보다】
- 고문 (　　　)
- 사고 (　　　)

□35□

首 • 머리 수

首 머리 수	

부수 해설

음은 首(수)이고, 書(서)와 久(구)의 반절이다. 이는 사람의 머리를 본떠 만든 글자다. 그래서 〈머리〉를 본떠 만든 글자 〈頁〉자와 비슷하다. 따라서 〈首〉의 본래 뜻은 〈머리〉를 의미한다. 단독으로 쓰이는 제부수글자이며, 다른 글자와 결합하면 그 글자는 〈머리〉와 연관된 뜻을 가지나, 그 숫자는 많지 않다.

해당부수 한자

馗(광대뼈 규), 馘(벨 괵, 낯 혁) 등.

한자의 활용

首 【머리】
- •수석 (　　　)
- •원수 (　　　)

☆ 道 【길 도, 辶부】
- •도로 (　　　)
- •차도 (　　　)

□36□

骨 · 뼈 골

骨 뼈 골	

부수 해설

음은 汨(골)이고, 古(고)와 忽(홀)의 반절이다. 이는 뼈의 모양을 본떠 만든 글자인데, 뼈가 앙상함을 나타낸 〈歹(뼈앙상할 알)〉과 살코기를 나타내는 〈肉(고기육)〉의 결합으로 되어 있다. 따라서 〈骨〉의 원래의 뜻은 〈뼈〉이다. 제부수 글자로 쓰이며, 다른 글자와 결합되면 〈뼈〉와 연관된 뜻을 가진다.

해당부수 한자

骸(뼈 해), 髀(넓적다리 비), 髑(해골 촉), 髓(뼛속기름 수), 體(몸 체) 등.

한자의 활용

骨

【뼈】
- 골격 (　　　)
- 백골 (　　　)

體

【몸】
- 체력 (　　　)
- 인체 (　　　)

연 습 문 제

1. 다음 글자의 부수 명칭을 쓰시오.

① 面 (　　　　　　)
② 頁 (　　　　　　)
③ 首 (　　　　　　)
④ 骨 (　　　　　　)

2. 다음 설명에 맞는 부수글자를 쓰시오.

① 사람이 쪼그리고 앉아 있는 모습을 본떠 만든 글자. (　　)
② 사람의 머리를 본떠 만든 글자. (　　)
③ 뼈의 모양을 본떠 만든 글자. (　　)
④ 사람의 얼굴을 구체적으로 본떠 만든 글자. (　　)

3. 다음 문장에서 올바른 한자어를 고르시오.

① 무슨 안좋은 일이 있는지 안색(顔色, 安索)이 어둡다.
② 그는 나이가 많지만 동안 (東岸, 童顔)이다.
③ 이번 입시에서 시골학생이 수석(樹石, 首席)을 하였다.
④ 남자의 골격(骨格, 骨擊)은 일반적으로 여자보다 굵다.

4. 다음 한자어를 우리말로 읽어 보시오.

① 面相　平面
② 頭巾　話頭　顔色　童顔　題目　問題　顧問　思顧
③ 首席　元首　道路　車道
④ 骨格　白骨　體力　人體

□37□

髟 • 털늘어질 표

髟 털늘어질 표 (터럭 발)	

부수 해설

음은 猋(표)이고, 甫(보)와 遙(요)의 반절이다. 이는 사람의 머리칼이 바람에 휘날리는 모습을 본떠 만든 글자다. 〈長(길 장)〉과 〈彡(털 삼)〉의 결합이란 점에서 〈긴 머리칼〉이 연상되는 글자다. 어쨌든 〈髟〉의 원래 뜻은 〈긴 머리〉를 뜻한다. 다른 글자와 결합되면 〈머리칼〉과 연관된 뜻을 가진다.

해당부수 한자

髡(머리깎을 곤), 髣(흡사할 방), 髥(구레나룻 염), 髮(머리카락 발), 髴(흡사할 불), 髻(상투 계), 鬆(더부룩할 송), 鬚(턱수염 수), 鬢(구레나룻 빈) 등.

한자의 활용

髮

【머리카락】

•모발 (　　　)

•장발 (　　　)

鬚

【턱수염】

•수염 (　　　)

□38□

鼻 • 코 비

鼻 코 비	

부수 해설

음은 紕(비)이고, 父(부)와 二(이)의 반절이다. 이 글자는 〈自(스스로 자)〉와 〈畀(줄 비)〉의 합체자다. 〈自〉는 원래 〈코〉라는 뜻이었으나, 이것이 〈스스로〉 〈자기〉란 뜻으로 전용되자 〈自〉 아래 〈畀〉를 붙여 〈鼻〉를 만든 것이다. 그래서 〈鼻〉는 〈코〉라는 뜻을 가진다. 단독으로 쓰이는 제부수 글자이며, 이 글자와 결합되는 글자는 〈코〉와 연관된 뜻을 가진다.

해당부수 한자

鼽(코막힐 구), 鼾(코고는소리 한), 齁(코고는 소리 후) 등.

한자의 활용

鼻

【코】

•비음 (　　　)
•비공 (　　　)

□39□

齒 • 이 치

齒 이 치	

부수 해설

음은 恥(치)이고, 唱(창)과 里(리)의 반절이다. 이는 사람이 입을 벌렸을 때 드러난 앞니의 모습을 본떠 만들고, 그 위에 발음값을 나타내는 〈止〉를 결합시켜 만든 글자다. 따라서 〈齒〉의 본래 뜻은 〈이〉가 된다. 앞 이빨은 동물의 나이와 깊은 관계를 가짐에 따라 〈齒〉는 〈나이〉라는 뜻도 가지게 되었다.

해당부수 한자

齧(깨물 설), 齷(악착할 악), 齪(악착할 착) 등.

한자의 활용

齒

【이】

- 치아 (　　　)
- 치약 (　　　)

齷

【악착스럽다】

- 악착 (　　　)

연습문제

1. 다음 글자의 부수 명칭을 쓰시오.

① 髟 (　　　　　)
② 鼻 (　　　　　)
③ 齒 (　　　　　)

2. 다음 설명에 맞는 부수글자를 쓰시오.

① 自(스스로 자)와 畀(줄 비)의 합체자. (　)
② 입을 벌렸을 때 드러난 앞니의 모습을 본떠 만든 글자. (　)
③ 사람의 머리칼이 바람에 휘날리는 모습을 본떠 만든 글자. (　)

3. 다음 문장에서 올바른 한자어를 고르시오.

① 한 때 법으로 장발(長髮, 張發)을 단속한 적도 있다.
② 애교를 부린다고 그녀는 비음(悲吟, 鼻音)을 많이 썼다.
③ 치아(稚兒, 齒牙)는 오복 중의 하나라고 한다.

4. 다음 한자어를 우리말로 읽어 보시오.

① 毛髮　長髮　鬚髥
② 鼻音　鼻孔
③ 齒牙　齒藥　齷齪

2

동물과 관련된 부수

□01□

毛 • 털 모

毛 털 모	

부수 해설

음은 旄(모)이고, 莫(막)과 枹(포)의 반절이다. 이는 짐승의 털을 보고 만든 글자다. 따라서 〈毛〉의 원래 뜻은 〈털〉이 된다. 처음에는 짐승의 털에서 비롯되었으나 사람의 털도 비슷하기에 사람의 〈머리칼〉을 나타낼 때도 이 〈毛〉를 쓰기도 한다. 주로 제부수 글자로 많이 활용된다.

해당부수 한자

毨(털갈 선), 毧(솜털 융), 毦(깃장식 이), 毣(인정깊을 목), 毫(잔털 호), 毷(담요 모), 氈(모전 전) 등.

한자의 활용

毛

【털】

- 모피 (　　　)
- 불모 (　　　)

毫

【잔털】

- 백호 (　　　)
- 장호 (　　　)

□02□

牛 • 소 우

牛 (牜) 소 우	

부수 해설

虐(학)의 평성이고, 宜(의)와 由(유)의 반절이다. 이는 소를 위의 뒤쪽에서 본 모양을 본떠 만든 글자다. 그래서 〈牛〉의 본래의 뜻은 〈소〉다. 제부수 글자로 많이 활용되며, 이 부수와 결합되는 글자에는 〈소〉나 〈가축〉과 연관을 가진다. 변에 위치하면 〈牜〉의 형태로 변하나, 의미는 변함이 없다.

해당부수 한자

牟(소울 모), 牢(우리 뢰), 牧(기를 목), 物(만물 물), 牲(희생 생), 特(우뚝할 특), 牽(당길 견), 犀(코끼리 서), 犧(희생할 희) 등.

한자의 활용

牛

【소】

•우마 (　　　)

•황우 (　　　)

物

【만물】

•물품 (　　　)

•동물 (　　　)

牧

【기르다】

•목축 (　　　)

•방목 (　　　)

特

【우뚝하다】

•특별 (　　　)

•기특 (　　　)

□03□
犬 • 개 견

犬 (犭) 개 견	

부수 해설

음은 畎(견)이고, 去(거)와 選(선)의 반절이다. 이는 개가 앞발을 들고 서 있는 모습을 본떠 만든 글자다. 그래서 〈犬〉의 원래 뜻은 〈개〉다. 다른 글자와 결합될 때는 〈犭〉으로 변형되기도 하는데, 이것을 〈개사슴록변〉이라 부르기도 한다. 이 글자와 결합된 글자에는 〈개〉나 〈짐승〉과 연관된 뜻을 가진다.

해당부수 한자

狂(미칠 광), 狐(여우 호), 狗(개 구), 狡(교활할 교), 狼(이리 랑), 猛(사나울 맹), 猪(돼지 저), 猫(고양이 묘), 獨(홀로 독), 獄(우리 옥), 獸(짐승 수) 등.

한자의 활용

犬 【개】
- 견마 (　　　)
- 충견 (　　　)

猛 【사납다】
- 맹수 (　　　)
- 용맹 (　　　)

狂 【미치다】
- 광견 (　　　)
- 광인 (　　　)

獸 【짐승】
- 수성 (　　　)
- 조수 (　　　)

□04□
皮 · 가죽 피

皮 가죽 피	

부수 해설

음은 疲(피)이고, 貧(빈)과 宜(의)의 반절이다. 이는 짐승의 가죽을 손으로 벗겨내는 것을 나타낸 글자다. 그래서 〈皮〉의 본래 뜻은 〈가죽〉이다. 〈가죽〉은 짐승의 겉에 있기에 〈껍질〉이라는 뜻을 나타내기도 한다. 제부수 글자로 많이 활용된다.

해당부수 한자

皯(기미낄 간), 皰(여드름 포), 皴(주름 준), 皺(주름 추) 등.

한자의 활용

皮 【가죽】
- 피혁 (　　　)
- 모피 (　　　)

☆ **破** 【깨뜨릴 파, 石부】
- 파격 (　　　)
- 돌파 (　　　)

☆ **波** 【물결 파, 水부】
- 파도 (　　　)
- 파문 (　　　)

☆ **被** 【입을 피, 衣부】
- 피복 (　　　)
- 피해 (　　　)

연 습 문 제

1. 다음 글자의 부수 명칭을 쓰시오.

① 毛 (　　　　　)
② 牛 (　　　　　)
③ 犬 (　　　　　)
④ 皮 (　　　　　)

2. 다음 설명에 맞는 부수글자를 쓰시오.

① 짐승의 가죽을 손으로 벗겨내는 것을 나타낸 글자. (　)
② 짐승의 털을 보고 만든 글자. (　)
③ 소를 위의 뒤쪽에서 본 모양을 본떠 만든 글자. (　)
④ 개가 앞발을 들고 서 있는 모습을 본떠 만든 글자. (　)

3. 다음 문장에서 올바른 한자어를 고르시오.

① 동물 애호가들은 모피(毛皮, 謀避)로 옷을 만드는 것을 반대한다.
② 동물(動物, 同物)을 사랑하자.
③ 그 상점에서는 파격(破格, 波激)적인 가격으로 물건을 팔고 있다.
④ 이번 수재로 피해(被害, 避害)가 이만저만이 아니다.

4. 다음 한자어를 우리말로 읽어 보시오.

① 毛皮　不毛　白毫　長毫
② 牛馬　黃牛　物品　動物　牧畜　放牧　特別　奇特
③ 犬馬　忠犬　勇猛　猛獸　狂犬　狂人　獸性　鳥獸
④ 皮革　毛皮　破格　突破　波濤　波紋　被服　被害

□05□

羊 · 양 양

羊 (羊) 양 양	

부수 해설

음은 洋(양)이고, 移(이)와 强(강)의 반절이다. 〈羊〉은 양의 정면에 서서 이를 보고 본뜬 글자다. 그래서 〈羊〉의 원래 뜻은 〈양〉이다. 〈양〉은 성격이 온순하고 인간에게 유용한 가축이었던 것에서 유래되어 그런지는 몰라도 〈羊〉자와 어울려 만들어진 글자에는 좋은 뜻을 가진 글자가 많다.

해당부수 한자

美(아름다울 미), 羞(부끄러울 수), 群(무리 군), 羨(부러울 선), 義(옳을 의), 羲(복희 희) 등.

한자의 활용

羊 【양】
- 양모 (　　　)
- 산양 (　　　)

義 【옳다】
- 의리 (　　　)
- 신의 (　　　)

美 【아름답다】
- 미녀 (　　　)
- 우미 (　　　)

☆ **祥** 【상서로울 상, 示부】
- 상서 (　　　)
- 길상 (　　　)

□06□

肉 • 고기 육

肉 (月) 고기 육	

부수 해설

음은 衄(뉵-육)이고, 如(여)와 育(육)의 반절이다. 이는 고기 덩어리와 그 가운데 있는 살결을 본떠 만든 글자다. 따라서 〈肉〉은 원래 〈고기〉란 뜻을 가진다. 이 〈肉〉은 다른 글자와 결합을 할 때 〈月〉의 모습으로 변하는 경우가 많다. 때문에 〈달〉의 뜻을 가진 〈月〉과 구분하기 위해 〈육달월〉이라 부르기도 한다.

해당부수 한자

肛(항문 항), 肝(간 간), 肥(살찔 비), 育(기를 육), 背(등 배), 脚(다리 각), 腐(썩을 부), 腦(골 뇌), 腰(허리 요), 腸(창자 장), 腹(배 복) 등.

한자의 활용

肉 【고기】
- •육수 (　　　)
- •골육 (　　　)

腸 【창자】
- •장염 (　　　)
- •소장 (　　　)

育 【기르다】
- •육성 (　　　)
- •교육 (　　　)

腹 【배】
- •복부 (　　　)
- •복통 (　　　)

□07□

虍 • 범 호

虍 (虎) 범 호	

부수 해설

음은 呼(호)이고, 忽(홀)과 烏(오)의 반절이다. 이는 호랑이가 앞발을 들고 서 있는 모습을 본떠 만든 글자이다. 그래서 〈虍〉의 본래 뜻은 〈호랑이〉다. 단독으로 쓰일 때는 〈虎〉로 쓰고, 다른 글자와 결합될 때는 〈虍〉로 쓴다.

해당부수 한자

虐(사나울 학), 虔(경건할 건), 處(곳 처), 虛(빌 허), 虜(사로잡을 로), 號(부를 호), 虞(염려할 우), 虧(이지러질 휴) 등.

한자의 활용

虎 【호랑이】
- 호피 (　　　)
- 백호 (　　　)

虛 【비다】
- 허심 (　　　)
- 공허 (　　　)

處 【곳】
- 처소 (　　　)
- 도처 (　　　)

號 【부르다】
- 호령 (　　　)
- 구호 (　　　)

□08□
虫 • 벌레 충

虫

벌레 충

부수 해설

음은 虺(훼)이고, 虎(호)와 委(위)의 반절이다. 이는 뱀이 또아리를 틀고 앉아 있는 모습을 본떠 만든 글자다. 그래서 〈虫〉의 본래 뜻은 〈뱀〉이다. 그런데 뒤에 와서 일반적인 모든 벌레를 〈虫〉자로 가리키게 되었고, 이에 따라 〈뱀〉이란 뜻으로 쓸 때는 〈蛇(뱀사)〉로 쓰게 된 것이다. 다른 글자와 결합되면 그 글자는 〈벌레〉와 연관된 뜻을 가진다.

해당부수 한자

蚊(모기 문), 蛇(뱀 사), 蛋(새알 단), 蜂(벌 봉), 蜘(거미 지), 蜜(꿀 밀), 蟬(매미 선), 蟲(벌레 충), 蠶(누에 잠) 등.

한자의 활용

蛇

【뱀】
- 독사 (　　　)
- 백사 (　　　)

蜜

【꿀】
- 밀월 (　　　)
- 밀봉 (　　　)

蜂

【벌】
- 봉기 (　　　)
- 토봉 (　　　)

蟲

【벌레】
- 충해 (　　　)
- 병충 (　　　)

연 습 문 제

1. 다음 글자의 부수 명칭을 쓰시오.

① 羊 (　　　　　)
② 肉 (　　　　　)
③ 虍 (　　　　　)
④ 虫 (　　　　　)

2. 다음 설명에 맞는 부수글자를 쓰시오.

① 양의 정면에 서서 이를 보고 본뜬 글자. (　)
② 호랑이가 앞발을 들고 서 있는 모습을 본떠 만든 글자. (　)
③ 고기 덩어리와 그 가운데 있는 살결을 본떠 만든 글자. (　)
④ 뱀이 또아리를 틀고 앉아 있는 모습을 본떠 만든 글자. (　)

3. 다음 문장에서 올바른 한자어를 고르시오.

① 사람은 신의(信義, 新衣)를 지킬 줄 알아야 한다.
② 올바른 교육(教育, 校肉)을 위해 노력하자.
③ 그는 멍하게 허공(虛空, 許孔)만 쳐다보고 있었다.
④ 민중 봉기(蜂起, 鳳旗)에 대한 견해가 일치되지 않았다.

4. 다음 한자어를 우리말로 읽어 보시오.

① 羊毛　山羊　義理　信義　美女　優美　祥瑞　吉祥
② 肉水　骨肉　小腸　腸炎　育成　教育　腹部　腹痛
③ 虎皮　白虎　虛心　空虛　處所　到處　號令　口號
④ 毒蛇　白蛇　蜜月　蜜蜂　蜂起　土蜂　蟲害　病蟲

□09□
血 • 피 혈

血 피 혈	

부수 해설

음은 穴(혈)이고, 呼(호)와 決(결)의 반절이다. 이는 그릇에 담긴 피의 모습을 본떠 만든 글자로, 〈皿(그릇 명)〉과 〈丶(점 주)〉가 결합된 것으로 본다. 따라서 〈血〉의 본뜻은 〈피〉다. 주로 제부수 글자로 많이 활용되며, 다른 글자와 결합될 때는 〈피〉와 관계된 뜻을 가진다.

해당부수 한자

衄(코피 뉵), 衃(어혈 배), 衆(무리 중), 衊(더럽힐 멸) 등.

한자의 활용

血

【피】
- 혈서 (　　　)
- 출혈 (　　　)

衆

【무리】
- 중생 (　　　)
- 군중 (　　　)

□10□

角 • 뿔 각

角 뿔 각	

부수 해설

음은 覺(각)이고, 吉(길)과 嶽(악)의 반절이다. 이는 코뿔소의 뿔을 보고 본뜬 글자다. 그래서 〈角〉의 본래 뜻은 〈코뿔소의 뿔〉이 된다. 하지만 뒤에 와서 〈角〉으로 모든 동물의 뿔을 통칭하게 되었다. 단독으로 쓰이는 제부수 글자며, 이와 결합되는 글자는 〈뿔〉과 깊은 관계를 가진다.

해당부수 한자

解(풀 해), 觴(뿔잔 상), 觥(뿔잔 굉), 觡(뿔 격), 觭(천지각 기), 觸(느낄 촉), 觶(잔 치), 觳(뿔잔 곡) 등.

한자의 활용

角

【뿔】

- 각도 (　　　)
- 두각 (　　　)

觸

【느끼다】

- 촉감 (　　　)
- 접촉 (　　　)

解

【풀다】

- 해방 (　　　)
- 이해 (　　　)

觴

【뿔술잔】

- 옥상 (　　　)

□11□

豕 · 돼지 시

豕 돼지 시	

부수 해설

음은 始(시)이고, 詩(시)와 止(지)의 반절이다. 이는 돼지가 우리 속에서 발을 올려 놓고 서 있는 모습을 본떠 만든 글자다. 따라서 〈豕〉는 원래 〈돼지〉라는 뜻을 가진다. 단독으로 쓰이는 제부수 글자이며, 다른 글자와 결합이 되면 그 글자는 〈돼지〉 혹은 〈동물〉과 관계된 뜻을 가진다.

해당부수 한자

豚(돼지 돈), 象(코끼리 상), 豩(돼지 빈), 豬(돼지 저), 豫(미리 예), 豰(짐승이름 혹) 등.

한자의 활용

豚 **【돼지】**
- 돈견 (　　　)
- 양돈 (　　　)

豬 **【돼지, = 猪】**
- 저육 (　　　)
- 산저 (　　　)

象 **【코끼리】**
- 상아 (　　　)
- 대상 (　　　)

豫 **【미리】**
- 예비 (　　　)
- 예언 (　　　)

□12□

革 • 가죽 혁

革

가죽 혁

부수 해설

음은 隔(격)이고, 古(고)와 核(핵)의 반절이다. 〈革〉은 짐승 가죽의 털을 제거한 후의 모습을 나타낸 글자다. 〈皮〉는 털을 제거하지 않은 상태라고 한다면 〈革〉은 이미 가공을 하여 상태가 바뀌진 모습을 형용한 글자다. 따라서 〈革〉의 본뜻은 〈가죽〉이며, 발전하여 〈고치다〉는 뜻도 가진다. 다른 글자와 결합하면 그 글자는 주로 〈가죽〉과 관계된 뜻을 가진다.

해당부수 한자

靴(가죽신 화), 靷(상여끈 인), 靺(붉은끈 말), 鞅(가슴걸이 앙), 鞍(안장 안), 鞏(굳을 공), 鞭(채찍 편) 등.

한자의 활용

革

【가죽】

•혁대 (　　　)
•혁명 (　　　)

鞍

【안장】

•안장 (　　　)
•안상 (　　　)

鞏

【굳다】

•공고 (　　　)

鞭

【채찍】

•편달 (　　　)
•마편 (　　　)

연 습 문 제

1. 다음 글자의 부수 명칭을 쓰시오.

① 血 (　　　　　)
② 角 (　　　　　)
③ 豕 (　　　　　)
④ 革 (　　　　　)

2. 다음 설명에 맞는 부수글자를 쓰시오.

① 짐승 가죽의 털을 제거한 후의 모습을 나타낸 글자. (　)
② 코뿔소의 뿔을 보고 본뜬 글자. (　)
③ 돼지가 발을 올려 놓고 서 있는 모습을 본떠 만든 글자. (　)
④ 그릇에 담긴 피의 모습을 본떠 만든 글자. (　)

3. 다음 문장에서 올바른 한자어를 고르시오.

① 군중(群衆, 軍中) 속의 고독이란 말이 이해가 된다.
② 나는 그의 행동을 이해(利害, 理解)할 수 없었다.
③ 비가 올 것이라는 그의 예언(豫言, 例言)은 아주 빗나갔다.
④ 경제의 기초가 공고(工高, 鞏固)해야 나라가 튼튼해 진다.

4. 다음 한자어를 우리말로 읽어 보시오.

① 血書　出血　衆生　群衆
② 角度　頭角　觸感　接觸　解放　理解　玉觴
③ 豚犬　養豚　豬肉　山猪　象牙　對象　豫備　豫言
④ 革帶　革命　鞍裝　鞍上　鞏固　鞭撻　馬鞭

□13□

馬 • 말 마

馬 말 마	

부수 해설

음은 碼(마)이고, 莫(막)과 下(하)의 반절이다. 말이 머리를 쳐들고 노한 눈을 하고 꼬리를 들고 있는 모습을 본떠 만든 글자다. 그래서 〈馬〉의 원래 뜻은 〈말〉을 의미한다. 단독으로 많이 활용되는 제부수 글자이며, 다른 글자와 결합되면 그 글자는 〈말〉과 관계된 뜻을 가진다.

해당부수 한자

馭(말부릴 어), 馳(말달릴 치), 馴(길들일 순), 駱(약대 락), 駁(얼룩말 박), 駐(머무를 주), 驛(역참 역), 驟(말달릴 취) 등.

한자의 활용

馬 【말】
- 마차 (   )
- 명마 (   )

駐 【머무르다】
- 주재 (   )
- 상주 (   )

駱 【약대】
- 낙타 (   )

驛 【역】
- 역전 (   )
- 역장 (   )

□14□

鹿 · 사슴 록

鹿 사슴 록	

부수 해설

음은 祿(록)이고, 盧(로)와 谷(곡)의 반절이다. 〈鹿〉은 머리에 뿔이 난 사슴이 걸어가고 있는 모습을 옆에서 보고 이를 본뜬 글자다. 그래서 〈鹿〉의 본래의 뜻은 〈사슴〉이다. 단독으로 쓰이는 제부수 글자로 많이 활용 되고, 다른 글자와 결합되면 그 글자는 〈사슴〉과 연관된 의미를 가진다.

해당부수 한자

麋(큰사슴 미), 麒(기린 기), 麓(산기슭 록), 麗(고울 려), 麝(사향노루 사), 麟(기린 린) 등.

한자의 활용

鹿

【사슴】

•녹각 (　　　)

•녹용 (　　　)

麗

【곱다】

•여인 (　　　)

•미려 (　　　)

麓

【산기슭】

•산록 (　　　)

麒

【기린】

•기린 (　　　)

□15□

鼠 • 쥐 서

鼠 쥐 서	

부수 해설

음은 暑(서)이고, 書(서)와 呂(려)의 반절이다. 〈鼠〉는 이빨을 드러내고 앞발을 들고 있는 쥐의 모양을 본떠 만든 글자다. 따라서 〈鼠〉의 본래 뜻은 〈쥐〉다. 단독으로 제부수 글자로 많이 활용되며, 다른 글자와 결합되면 그 글자는 〈쥐〉와 연관된 뜻을 가진다.

해당부수 한자

鼢(두더지 분), 鼪(족제비 생), 鼯(다람쥐 오), 鼺(다람쥐 루) 등.

한자의 활용

鼠

【쥐】

- 서적 (　　　)
- 서피 (　　　)

연습문제

1. 다음 글자의 부수 명칭을 쓰시오.

① 馬 (　　　　　)
② 鹿 (　　　　　)
③ 鼠 (　　　　　)

2. 다음 설명에 맞는 부수글자를 쓰시오.

① 이빨을 드러내고 앞발을 든 쥐의 모양을 본떠 만든 글자. (　)
② 머리에 뿔이 난 사슴이 걸어가고 있는 모습을 본뜬 글자. (　)
③ 말이 머리를 들고 노한 눈을 하고 꼬리를 들고 있는 모습을 본떠 만든 글자.
(　)

3. 다음 문장에서 올바른 한자어를 고르시오.

① 서울에 상주(喪主, 常駐)하고 있는 외국인이 상당히 많다.
② 역전(驛前, 逆轉)에는 기차를 기다리는 사람들이 아주 많았다.
③ 한국인은 녹용(鹿茸, 錄用)을 상당히 좋아한다.

4. 다음 한자어를 우리말로 읽어 보시오.

① 馬車　名馬　駐在　常駐　駱駝　驛前　驛長
② 鹿角　鹿茸　麗人　美麗　山麓　麒麟
③ 鼠賊　鼠皮

3

조류와 관련된 부수

□01□
乙 • 새 을

乙 새 을	

부수 해설

음은 鳦(을)이고, 於(어)와 筆(필)의 반절이다. 〈乙〉은 여러 가지 뜻을 가지고 있으나, 그 중 〈생선창자 〉란 뜻이 字源을 설명하는데 가장 깊은 관계를 가진다. 〈乙〉은 물고기 창자의 모습을 본 뜬 글자로 본래는 〈물고기 창자〉란 뜻이다. 그러다가 모습이 〈오리〉가 물위에 떠 있는 형체 같아 〈새 을〉이라는 명칭을 얻게 되었다. 그러나 〈새〉의 의미로는 쓰이지 않는다.

해당부수 한자

九(아홉 구), 乞(빌 걸), 也(어조사 야), 乳(젖 유), 乾(마를 건), 亂(어려울 란) 등.

한자의 활용

乙 **【둘째천간】**
- 을방 (　　　)
- 갑을 (　　　)

九 **【아홉】**
- 구족 (　　　)
- 구행 (　　　)

乳 **【젖】**
- 유방 (　　　)
- 우유 (　　　)

亂 **【어렵다】**
- 난세 (　　　)
- 동란 (　　　)

□02□

网 • 그물 망

网 (罒, 罓, ⺲) 그물 망	

부수 해설

음은 網(망)이고, 武(무)와 紡(방)의 반절이다. 〈网〉은 새를 잡기 위해 쳐 놓은 그물의 모습을 본떠 만든 글자다. 따라서 〈网〉의 본래 의미는 〈그물〉이다. 독립적으로는 쓰이지 않고, 다른 글자와 결합해서 활용되는데, 이 부수가 들어있는 글자면 대부분 〈그물〉과 연관된 뜻을 가진다.

해당부수 한자

罔(그물 망), 罕(드물 한), 罟(그물 고), 罪(허물 죄), 置(둘 치), 罰(벌줄 벌), 署(관청 서), 罵(꾸짖을 매), 罷(파할 파), 羅(그물 라) 등.

한자의 활용

罪

【허물】
- •죄목 (　　　)
- •사죄 (　　　)

罰

【벌주다】
- •벌금 (　　　)
- •상벌 (　　　)

罷

【파하다】
- •파직 (　　　)
- •파면 (　　　)

羅

【그물】
- •조라 (　　　)

□03□

羽 · 깃 우

羽 깃 우	

부수 해설

음은 禹(우)이고, 余(여)와 乳(유)의 반절이다. 〈羽〉는 두 개의 나란한 새 깃털을 본떠 만든 글자다. 따라서 〈羽〉의 본래 뜻은 〈날개〉이다. 독립적으로도 많이 쓰이지만, 다른 글자와 결합하여 운용이 많이 된다. 이 때 이 부수가 들어 있으면 〈날개〉와 연관된 뜻을 가진다.

해당부수 한자

翁(늙은이 옹), 翊(도울 익), 翎(날 령), 翌(다음날 익), 翔(날을 상), 習(익힐 습), 翰(날개 한), 翻(날 번), 翼(날개 익), 耀(빛날 요) 등.

한자의 활용

羽

【깃】

• 우모 (　　　)

• 우익 (　　　)

翔

【날개】

• 비상 (　　　)

習

【익히다】

• 습성 (　　　)

• 학습 (　　　)

翌

【다음날】

• 익일 (　　　)

• 익조 (　　　)

□04□

隹 • 새추

隹 새 추	

부수 해설

음은 錐(추)이고, 職(직)과 追(추)의 반절이다. 〈隹〉는 새가 서 있는 모습을 본떠 만든 글자다. 그래서 〈隹〉의 본래 뜻은 〈새〉가 된다. 독립적으로는 쓰이지 않고 주로 다른 글자와 결합되어 운용된다. 〈隹〉와 함께 어울어진 글자에는 〈새〉와 연관된 뜻을 가진다. 꼬리가 짧은 새는 〈隹〉, 긴 새는 〈鳥〉를 썼다고 하나 지금은 그 구분이 명확하지 않다.

해당부수 한자

隻(하나 척), 雀(참새 작), 雁(기러기 안), 雄(수컷 웅), 雅(바를 아), 集(모을 집), 雙(둘 쌍), 雜(섞일 잡), 雞(닭 계), 離(떠날 리), 難(어려울 난) 등.

한자의 활용

雀 【참새】
- 작설 (　　　)
- 공작 (　　　)

雄 【수컷】
- 웅장 (　　　)
- 군웅 (　　　)

雙 【쌍】
- 쌍수 (　　　)
- 쌍방 (　　　)

雞 【닭】
- 계란 (　　　)
- 계륵 (　　　)

연습문제

1. 다음 글자의 부수 명칭을 쓰시오.

① 乙 (　　　　　)
② 网 (　　　　　)
③ 羽 (　　　　　)
④ 隹 (　　　　　)

2. 다음 설명에 맞는 부수글자를 쓰시오.

① 새를 잡기 위해 쳐 놓은 그물의 모습을 본떠 만든 글자. (　)
② 두 개의 나란한 새 깃털을 본떠 만든 글자. (　)
③ 물고기 창자의 모습을 본떠 만든 글자. (　)
④ 새가 서 있는 모습을 본떠 만든 글자. (　)

3. 다음 문장에서 올바른 한자어를 고르시오.

① 요즘은 모유보다 우유(牛乳, 右油)를 먹이는 산모가 많다.
② 학칙에는 상벌(賞罰, 上伐)에 대한 규정도 있다.
③ 어려서부터 좋은 습성(習性, 濕性)을 기르도록 해라.
④ 드디어 웅장(熊掌, 雄壯)한 모습이 나타나기 시작하였다.

4. 다음 한자어를 우리말로 읽어 보시오.

① 乙方　甲乙　九族　九行　乳房　牛乳　亂世　動亂
② 罪目　死罪　罰金　賞罰　罷職　罷免　鳥羅
③ 羽毛　羽翼　飛翔　習性　學習　翌日　翌朝
④ 雀舌　孔雀　雄壯　群雄　雙手　雙方　鷄卵　鷄肋

□05□

非 • 아닐 비

非 아닐 비	

부수 해설

음은 飛(비)이고, 匪(비)와 微(미)의 반절이다. 〈非〉는 두 개의 깃털이 서로 반대 방향으로 나란히 놓인 모습을 본떠 만든 글자다. 따라서 〈非〉의 본래 뜻은 〈어긋나다〉이다. 이 〈어긋남〉에서 확대되어 지금은 〈아니다〉 〈틀리다〉 는 등의 뜻으로도 쓰인다. 독립적으로 많이 활용되는 제부수 글자다. 다른 글자와 결합하는 경우가 그렇게 많지 않은 편이다.

해당부수 한자

靠(기댈 고), 靡(쓰러질 미) 등.

한자의 활용

非 【아니다】
- •비리 (　　　)
- •시비 (　　　)

☆ 悲 【슬플 비, 心부】
- •비관 (　　　)
- •희비 (　　　)

□06□
飛 • 날 비

飛

날 비

부수 해설

음은 非(비)이고, 甫(보)와 微(미)의 반절이다. 〈飛〉는 황새와 같은 새가 두 날개를 퍼덕이며 날아가는 모습을 본떠 만든 글자다. 따라서 〈飛〉의 본래 뜻은 〈날다〉가 된다. 독립적으로 많이 운용되는 제부수 글자다. 다른 글자와 결합되면 그 결합된 글자는 〈새가 나는 동작〉과 연관된 뜻을 가지지만 그 결합되는 글자수는 많지 않다.

해당부수 한자

飜(날 번).

한자의 활용

飛

【날다】
- 비행 ( )
- 웅비 ( )

飜

【날다】
- 번역 ( )

□07□

鳥 • 새 조

鳥 새 조	

부수 해설

음은 蔦(조)이고, 丁(정)과 了(료)의 반절이다. 〈鳥〉는 새가 서 있는 모습을 본떠 만든 글자다. 따라서 〈鳥〉의 본래 뜻은 〈새〉다. 옛날에는 꽁지가 짧은 〈隹〉와 구별하여 꽁지가 긴 새를 〈鳥〉라고 하였다 하지만, 지금은 그 기준이 애매하여 구분이 되지 않는다. 독립적으로 쓰이는 제부수 글자며, 다른 글자와 어울리면 〈새〉와 연관된 뜻을 가진다.

해당부수 한자

鳳(봉황 봉), 鳴(울 명), 鴛(수원앙 원), 鴦(암원앙 앙), 鴨(오리 압), 鴻(기러기 홍), 鵲(까치 작), 鶯(꾀꼬리 앵), 鶴(학 학) 등.

한자의 활용

鳥
【새】
- 조류 (   )
- 백조 (   )

鳴
【울다】
- 공명 (   )
- 이명 (   )

鴻
【기러기】
- 홍안 (   )
- 고홍 (   )

鶴
【학】
- 학무 (   )
- 현학 (   )

연습문제

1. 다음 글자의 부수 명칭을 쓰시오.

① 非 (   )

② 飛 (   )

③ 鳥 (   )

2. 다음 설명에 맞는 부수글자를 쓰시오.

① 새가 두 날개를 퍼덕이며 날아가는 모습을 본떠 만든 글자. (   )

② 두 개의 깃털이 서로 반대 방향으로 나란히 놓인 모습을 본떠 만든 글자. (   )

③ 새가 서 있는 모습을 본떠 만든 글자. (   )

3. 다음 문장에서 올바른 한자어를 고르시오.

① 비리(非理, 非利)에 관련된 공무원이 입건되었다.

② 싸움은 시비(詩碑, 是非)를 가리려다가 시작되는 경우가 많다.

③ 공군들이 비행(非行, 飛行) 훈련을 하고 있다.

④ 그의 정책은 백성들의 공명(公明, 共鳴)을 얻었다.

4. 다음 한자어를 우리말로 읽어 보시오.

① 非理　是非　悲觀　喜悲

② 飛行　雄飛　飜譯

③ 鳥類　白鳥　共鳴　耳鳴　鴻雁　孤鴻　鶴舞　玄鶴

4

어류와 관련된 부수

□01□
貝 • 조개 패

貝 조개 패	

부수 해설

음은 狽(패)이고, 布(포)와 霈(패)의 반절이다. 〈貝〉는 조개가 속살을 내밀고 있는 모습을 본떠 만든 글자다. 따라서 〈貝〉의 원래 뜻은 〈조개〉다. 그런데 옛날에는 〈조개〉로 화폐를 대신했기 때문에 〈貝〉는 〈돈〉이나 〈재물〉 등의 뜻까지 포함하게 되었다. 그래서 〈貝〉와 같이 결합된 글자에는 〈돈〉과 연관된 뜻을 가진다.

해당부수 한자

財(재물 재), 貢(바칠 공), 貧(가난할 빈), 貪(탐할 탐), 貴(귀할 귀), 買(살 매), 費(허비할 비), 資(재물 자), 賣(팔 매), 賞(상줄 상) 등.

한자의 활용

貝

【조개】
- 패류 (　　　)
- 패물 (　　　)

貴

【귀하다】
- 귀하 (　　　)
- 부귀 (　　　)

貪

【탐하다】
- 탐욕 (　　　)
- 식탐 (　　　)

買

【사다】
- 매매 (　　　)
- 구매 (　　　)

□02□

魚 • 물고기 어

魚 물고기 어	

부수 해설

음은 漁(어)이고, 語(어)와 居(거)의 반절이다. 〈魚〉는 물고기의 완전한 모습을 본떠 만든 글자다. 따라서 〈魚〉의 본래 뜻은 〈물고기〉다. 단독으로 쓰이는 제부수 글자며, 다른 글자와 결합되면 그 글자는 〈물고기〉와 관련된 뜻을 가진다.

해당부수 한자

鮑(절인생선 포), 鮒(붕어 부), 鮮(생선 선), 鯉(잉어 리), 鯨(고래 경), 鰐(악어 악), 鰕(새우 하), 鰻(뱀장어 만), 鱗(비늘 린) 등.

한자의 활용

魚 【물고기】
- 어류 (　　　)
- 대어 (　　　)

鮮 【생선】
- 선어 (　　　)
- 생선 (　　　)

鰐 【악어】
- 악어 (　　　)

鱗 【비늘】
- 편린 (　　　)

□03□

龍 • 용 룡

龍 용 룡	

부수 해설

음은 籠(롱-룡)이고, 力(력)과 鍾(종)의 반절이다. 갑골문을 보면 머리에 뿔이 난 뱀과 같은 형상을 하고 있으며, 긴 꼬리와 날카로운 발톱도 있다. 〈龍〉은 바로 이런 상상속의 동물 형상을 나타낸 글자다. 그래서 〈龍〉의 본뜻은 〈용〉이며, 이 동물은 특별한 동물이기에 〈임금〉이나 〈뛰어난 사람〉을 지칭할 때 쓰이기도 한다. 주로 단독으로 제부수 글자로 많이 활용되고, 다른 글자와 결합되는 경우는 많지 않다.

해당부수 한자

龐(클 방), 龔(성 공), 龕(감실 감) 등.

한자의 활용

龍

【용】

•용왕 (　　　)
•와룡 (　　　)

□04□

龜 • 거북 귀

龜 거북 귀	

부수 해설

음은 騩(괴-귀)이고, 居(거)와 爲(위)의 반절이다. 〈龜〉는 목을 쭈욱 빼고 기어가는 거북이의 형상을 본뜬 다음 이를 옆으로 세워 만든 글자다. 따라서 〈龜〉의 본래 의미는 〈거북이〉다. 이는 주로 제부수 글자로 많이 활용될 뿐 다른 글자와 결합되는 경우는 아주 드물다. 이 글자는 〈거북이〉 〈나라이름〉 〈균열〉 등의 뜻으로 쓰이기도 하는데, 이 때 음은 각각 〈귀〉 〈구〉 〈균〉 등으로 난다.

한자의 활용

龜

【거북이, 균열】

•귀두 (　　　)
•균열 (　　　)

연 습 문 제

1. 다음 글자의 부수 명칭을 쓰시오.

① 貝 (　　　　　)
② 魚 (　　　　　)
③ 龍 (　　　　　)
④ 龜 (　　　　　)

2. 다음 설명에 맞는 부수글자를 쓰시오.

① 물고기의 완전한 모습을 본떠 만든 글자. (　)
② 상상속의 동물 형상을 나타낸 글자. (　)
③ 목을 쭈욱 빼고 기어가는 거북이의 형상을 본떠 만든 글자. (　)
④ 조개가 속살을 내밀고 있는 모습을 본떠 만든 글자. (　)

3. 다음 문장에서 올바른 한자어를 고르시오.

① 부귀(富貴, 浮鬼)는 대부분의 사람들이 원하는 바다.
② 바다 속에는 수많은 어류(魚類, 語類)가 있다.
③ 나는 특히 생선(生鮮, 生善)을 좋아한다.
④ 이 산을 와룡(臥龍, 瓦龍)산이라고 부른 까닭은 무엇인가?

4. 다음 한자어를 우리말로 읽어 보시오.

① 貝類　貝物　貴下　富貴　貪慾　食貪　賣買　購買
② 魚類　大魚　鮮魚　生鮮　鰐魚　片鱗
③ 龍王　臥龍
④ 龜頭　龜裂

5

자연과 관련된 부수

□01□
夕 • 저녁 석

夕 저녁 석	

부수 해설

음은 席(석)이고, 祥(상)과 易(역)의 반절이다. 〈夕〉은 달의 모양을 본떠 만든 글자다. 그런데 이 〈달〉은 〈月〉과는 달리 달의 형상이 완전하지 않다. 이는 초저녁이나 새벽의 희미한 하늘의 달을 본 뜬 탓이다. 따라서 〈夕〉은 〈저녁〉이란 뜻을 가진다.

해당부수 한자

外(바깥 외), 多(많을 다), 夜(밤 야), 夢(꿈 몽) 등.

한자의 활용

夕 【저녁】
- 석양 (　　　)
- 조석 (　　　)

夜 【밤】
- 야간 (　　　)
- 월야 (　　　)

多 【많다】
- 다소 (　　　)
- 허다 (　　　)

夢 【꿈】
- 몽중 (　　　)
- 악몽 (　　　)

□02□

日 • 날 일

日

날 일

부수 해설

음은 馹(일)이고, 仁(인)과 逸(일)의 반절이다. 〈日〉은 해를 본떠 만든 글자다. 따라서 〈日〉은 원래 〈해〉를 뜻하는 글자다. 뒤에 와서 확대되어 〈하루〉〈날짜〉〈기간〉 등까지도 의미하게 되었다. 단독으로 쓰이는 제부수 글자로 많이 활용되며, 다른 글자와 결합되면 그 글자는 〈해〉와 관계된 뜻을 가진다.

해당부수 한자

旦(아침 단), 明(밝을 명), 昏(어두울 혼), 昔(옛 석), 星(별 성), 春(봄 춘), 時(때 시), 晝(낮 주), 晴(개일 청), 暖(따뜻할 난), 暗(어두울 암) 등.

한자의 활용

日

【해, 날】

- 일광 (　　　)
- 금일 (　　　)

時

【때】

- 시간 (　　　)
- 동시 (　　　)

明

【밝다】

- 명월 (　　　)
- 광명 (　　　)

暗

【어둡다】

- 암실 (　　　)
- 명암 (　　　)

□03□
月 • 달 월

月 달 월	

부수 해설

음은 軏(월)이고, 魚(어)와 厥(궐)의 반절이다. 〈月〉은 달의 모양을 본떠 만든 글자다. 따라서 〈月〉의 본래 뜻은 〈달〉이다. 확대되어 지금은 한 달의 기간을 나타내기도 한다. 이는 〈肉〉의 변형인 〈月(육달월)〉과 꼭 같은 모양을 하고 있음에 주의해야 한다. 〈月(달월)〉과 함께 결합되는 글자는 주로 〈달〉이나 〈시간〉과 관계된 뜻을 가진다.

해당부수 한자

有(있을 유), 朋(벗 붕), 服(입을 복), 朔(초하루 삭), 朗(밝을 랑), 望(바랄 망), 朝(아침 조), 期(때 기), 朦(흐릴 몽) 등.

한자의 활용

月 【달】
- 월간 ( )
- 만월 ( )

朝 【아침】
- 조간 ( )
- 조회 ( )

朗 【밝다】
- 낭독 ( )
- 명랑 ( )

期 【때】
- 기간 ( )
- 초기 ( )

□04□

辰 • 별 진

辰 별 진	

부수 해설

음은 晨(신)이고, 匙(시)와 寅(인)의 반절이다. 이는 "대합조개의 속살이 삐죽이 나와 있는 모습을 그린 것으로, 본뜻은 〈대합조개〉"라는 주장이 있는데, 유추하기에 어려움이 있다. 지금에 이르러서는 〈별〉, 〈때〉나 〈간지〉, 〈태어나다〉는 등의 뜻으로 쓰이고 있다. 〈별〉이나 〈태어나다〉는 뜻으로 쓰일 때는 〈신〉으로 읽는다.

해당부수 한자

辱(욕될 욕), 農(농사 농) 등.

한자의 활용

辰

【별】

- 성신 (　　　)
- 생신 (　　　)

辱

【욕되게 하다】

- 욕설 (　　　)
- 모욕 (　　　)

農

【농사】

- 농부 (　　　)
- 부농 (　　　)

☆ 娠

【애밸 신, 女부】

- 임신 (　　　)

연 습 문 제

1. 다음 글자의 부수 명칭을 쓰시오.

① 夕 (　　　　　)
② 日 (　　　　　)
③ 月 (　　　　　)
④ 辰 (　　　　　)

2. 다음 설명에 맞는 부수글자를 쓰시오.

① 달의 모양을 본떠 만든 글자. (　)
② 해를 본떠 만든 글자. (　)
③ 대합조개의 속살이 삐죽이 나와 있는 모습을 그린 것. (　)
④ 달의 모양을 본떠 만든 글자. (　)

3. 다음 문장에서 올바른 한자어를 고르시오.

① 요즘은 조석(彫石, 朝夕)으로 날씨가 싸늘하다.
② 두 가지 일을 동시(童詩, 同時)에 하기가 어려웠다.
③ 작업 기간(期間, 基幹)이 너무 짧다.
④ 하늘의 성신(星辰, 誠信)을 보고 일기를 예측하였다.

4. 다음 한자어를 우리말로 읽어 보시오.

① 夕陽　朝夕　夜間　月夜　多少　許多　夢中　惡夢
② 日光　今日　時間　同時　明月　光明　暗室　明暗
③ 月刊　滿月　朝刊　朝會　朗讀　明朗　期間　初期
④ 星辰　生辰　辱說　侮辱　農夫　富農　姙娠

□05□

土 · 흙 토

土 흙 토	

부수 해설

吐(토)의 상성이고, 他(타)와 魯(로)의 반절이다. 이는 쌓아올려 놓은 흙의 모양을 본떠 만든 글자다. 그래서 〈土〉의 본래 뜻은 〈흙〉이다. 단독으로 많이 활용되는 제부수 글자이며, 다른 글자와 결합이 되면 그 글자는 주로 〈흙〉과 연관된 뜻을 가진다.

해당부수 한자

地(땅 지), 均(고를 균), 坐(앉을 좌), 坡(언덕 파), 坦(평탄할 탄), 埋(묻을 매), 城(성 성), 基(터 기), 場(마당 장), 墓(무덤 묘) 등.

한자의 활용

土 【흙】
- •토지 (　　　)
- •국토 (　　　)

基 【터】
- •기본 (　　　)
- •기금 (　　　)

城 【성】
- •성문 (　　　)
- •토성 (　　　)

場 【마당】
- •장소 (　　　)
- •현장 (　　　)

□06□
山 • 뫼 산

山

뫼 산

부수 해설

음은 删(산)이고, 所(소)와 閒(간)의 반절이다. 〈山〉은 세 봉우리를 가진 산의 모양을 본떠 만든 글자다. 그래서 〈山〉의 본뜻은 〈산〉이다. 단독으로 많이 활용되는 제부수 글자며, 다른 글자와 결합이 되면 그 글자는 주로 〈산〉과 연관된 뜻을 가진다.

해당부수 한자

峙(산솟을 치), 峻(높을 준), 崇(높을 숭), 崖(낭떠러지 애), 崩(무너질 붕), 嶺(고개 령), 峰(봉우리 봉), 嶽(큰산 악), 巖(바위 암) 등.

한자의 활용

山 【뫼】
- 산림 (　　　)
- 고산 (　　　)

峰 【봉우리】
- 봉두 (　　　)
- 상봉 (　　　)

崇 【높다】
- 숭앙 (　　　)
- 존숭 (　　　)

巖 【바위】
- 암석 (　　　)
- 암혈 (　　　)

□07□

巛 • 내 천

巛 (川) 내 천 (개미허리 변)	

부수 해설

음은 穿(천)이고, 出(출)과 淵(연)의 반절이다. 〈巛〉은 냇물이 흘러가는 모습을 본떠 만든 글자다. 따라서 〈巛〉의 원래 뜻은 〈내〉가 된다. 지금은 〈川〉자 형태로 변형되어 쓰이기도 한다. 〈巛〉을 〈개미허리 변〉이라고도 함은 글자의 모양을 보고 붙인 명칭일 뿐 뜻과는 전혀 관계가 없다.

해당부수 한자

州(고을 주), 巡(돌 순), 巢(새집 소) 등.

한자의 활용

川

【내】

•산천 (　　　)
•하천 (　　　)

州

【고을】

•구주 (　　　)
•진주 (　　　)

巡

【돌다】

•순행 (　　　)
•순경 (　　　)

巢

【새집】

•공소 (　　　)

□08□

水 • 물 수

水 (氵) 물 수	

부수 해설

稅(세)의 상성이고, 暑(서)와 委(위)의 반절이다. 〈水〉는 흐르는 물의 모습을 보고 이를 본떠 만든 글자다. 따라서 〈水〉는 〈물〉이란 뜻을 가진다. 단독으로 많이 활용되는 제부수 글자며, 다른 글자와 결합될 때는 〈氵〉의 모습으로 변형이 되기도 하며, 그 결합된 글자는 주로 〈물〉과 연관된 뜻을 가진다.

해당부수 한자

永(길 영), 江(강 강), 池(못 지), 河(물 하), 泉(샘 천), 波(물결 파), 海(바다 해), 淡(물맑을 담), 深(깊을 심), 淸(물맑을 청), 濁(흐릴 탁) 등.

한자의 활용

水 【물】
- 수질 (　　　)
- 냉수 (　　　)

海 【바다】
- 해양 (　　　)
- 원해 (　　　)

江 【강】
- 강변 (　　　)
- 남강 (　　　)

濁 【흐리다】
- 탁주 (　　　)
- 혼탁 (　　　)

연 습 문 제

1. 다음 글자의 부수 명칭을 쓰시오.

① 土 (　　　　　)
② 山 (　　　　　)
③ 川 (　　　　　)
④ 水 (　　　　　)

2. 다음 설명에 맞는 부수글자를 쓰시오.

① 세 봉우리를 가진 산의 모양을 본떠 만든 글자. (　)
② 냇물이 흘러가는 모습을 본떠 만든 글자. (　)
③ 쌓아올려 놓은 흙의 모양을 본떠 만든 글자. (　)
④ 흐르는 물의 모습을 보고 이를 본떠 만든 글자. (　)

3. 다음 문장에서 올바른 한자어를 고르시오.

① 조용한 장소(場所, 長所)에서 이야기를 하자.
② 공자는 성인으로 숭앙(崇仰, 崇央)받고 있다.
③ 비가 오자 하천(下賤, 河川)의 물이 많이 불었다.
④ 모내기 때 마시는 탁주(濁酒, 獨酉)맛은 정말 좋다.

4. 다음 한자어를 우리말로 읽어 보시오.

① 土地　國土　基本　基金　城門　土城　場所　現場
② 山林　高山　峰頭　上峰　崇仰　尊崇　巖石　巖穴
③ 山川　河川　九州　晋州　巡行　巡警　空巢
④ 水質　冷水　海洋　遠海　江邊　南江　濁酒　混濁

□09□

石 • 돌 석

石 돌 석	

부수 해설

음은 碩(석)이고, 常(상)과 隻(척)의 반절이다. 〈石〉은 〈厂(바위굴 엄)〉과 〈口(입 구)〉를 합쳐 만든 글자로 언덕에 박힌 돌의 모습을 본떠 만들었다. 따라서 〈石〉은 본래 〈돌〉이라는 뜻을 가지며, 다른 글자와 결합이 되면 그 글자는 〈돌〉과 연관된 뜻을 가진다.

해당부수 한자

破(깨뜨릴 파), 砂(모래 사), 硯(벼루 연), 硬(단단할 경), 碑(비석 비), 碩(클 석), 礎(주춧돌 초), 礁(암초 초) 등.

한자의 활용

石 【돌】
- 석공 (　　　)
- 괴석 (　　　)

礎 【주춧돌】
- 초석 (　　　)
- 기초 (　　　)

碑 【비석】
- 비석 (　　　)
- 비문 (　　　)

礁 【암초】
- 암초 (　　　)

□10□

谷 • 골 곡

谷 골 곡	

부수 해설

음은 穀(곡)이고, 姑(고)와 屋(옥)의 반절이다. 〈谷〉은 두 산 사이의 골짜기를 본떠 만든 글자다. 그래서 〈谷〉의 원래 뜻은 〈골짜기〉가 된다. 단독으로 많이 활용되는 제부수 글자다.

해당부수 한자

谹(울릴 횡), 谺(휑뎅그렁할 하), 谽(휑뎅그렁할 함), 谿(시내 계), 豁(골짜기 활) 등.

한자의 활용

谷 【골】
- 곡수 (　　　)
- 심곡 (　　　)

谿 【시내】
- 계곡 (　　　)

☆ **容** 【얼굴 용, 宀부】
- 용태 (　　　)
- 미용 (　　　)

☆ **欲** 【하고자할 욕, 欠부】
- 욕구 (　　　)
- 식욕 (　　　)

□11□

阜 • 언덕 부

阜
(阝)
언덕 부

부수 해설

음은 負(부)이고, 房(방)과 缶(부)의 반절이다. 〈阜〉는 높은 언덕이 계단처럼 되어 올라간 모습을 본떠 만든 글자다. 그래서 〈阜〉의 본래 뜻은 〈언덕〉이다. 제부수 글자로 활용되며 다른 글자와 결합되면 〈언덕〉과 연관된 뜻을 나타낸다. 다른 글자와 결합될 때는 글자의 왼쪽 방에서 〈阝〉의 형태로 쓰인다. 이는 〈邑〉의 변형부수인 〈阝〉과는 다른 것이다.

해당부수 한자

防(막을 방), 阻(막힐 조), 限(제한할 한), 院(집 원), 陳(진칠 진), 陰(그늘 음), 陸(뭍 륙), 陽(볕 양), 階(섬돌 계), 險(험할 험) 등.

한자의 활용

阜 **【언덕】**
- •고부 (　　　)

限 **【제한하다】**
- •한계 (　　　)
- •제한 (　　　)

陸 **【뭍】**
- •육지 (　　　)
- •대륙 (　　　)

陽 **【볕】**
- •양지 (　　　)
- •음양 (　　　)

□12□

方 • 모 방

方 모 방	

부수 해설

음은 芳(방)이고, 分(분)과 房(방)의 반절이다. 〈方〉은 "먼 곳에 사람이 서 있는 것"을 표현한 것이라 하는데, 글자에서 그런 특징을 찾기가 쉽지 않다. 여하튼 〈方〉은 〈방향〉과 〈모서리〉 등의 뜻을 가지고 쓰이고 있다. 제부수 글자로 많이 활용되고 있다.

해당부수 한자

於(어조사 어), 施(베풀 시), 旁(두루 방), 旅(나그네 려), 旋(돌 선), 族(무리 족), 旌(기 정), 旗(기 기) 등.

한자의 활용

方 【모서리, 방향】
- •방형 (　　　)
- •사방 (　　　)

旅 【나그네】
- •여관 (　　　)
- •여정 (　　　)

施 【베풀다】
- •시술 (　　　)
- •실시 (　　　)

族 【무리】
- •족장 (　　　)
- •가족 (　　　)

연습문제

1. 다음 글자의 부수 명칭을 쓰시오.

① 石 (　　　　　)
② 谷 (　　　　　)
③ 阜 (　　　　　)
④ 方 (　　　　　)

2. 다음 설명에 맞는 부수글자를 쓰시오.

① 먼 곳에 사람이 서 있는 것을 표현한 글자. (　)
② 높은 언덕이 계단처럼 되어 올라간 모습을 본떠 만든 글자. (　)
③ 두 산 사이의 골짜기를 본떠 만든 글자. (　)
④ 언덕에 박힌 돌의 모습을 본떠 만든 글자. (　)

3. 다음 문장에서 올바른 한자어를 고르시오.

① 수학의 기초(基礎, 期初)가 부족한 학생들이 학원을 찾고 있다.
② 장마로 인해 계곡(溪谷, 奚容)의 물이 엄청나게 불었다.
③ 날씨가 추워지자 병아리들이 양지(陽地, 諒知)로 몰려 들었다.
④ 의약분업의 실시(失時, 實施)로 한 때 국민들이 불편을 겪었다.

4. 다음 한자어를 우리말로 읽어 보시오.

① 石工　怪石　礎石　基礎　碑石　碑文　暗礁
② 谷水　深谷　溪谷　容態　美容　欲求　食欲
③ 高阜　限界　制限　陸地　大陸　陽地　陰陽
④ 方形　四方　旅行　旅程　施術　實施　族長　家族

□13□

田 • 밭 전

田 밭 전	

부수 해설

음은 鈿(전)이고, 題(제)와 姸(연)의 반절이다. 〈田〉은 농지 정리가 잘된 논과 밭둑의 모습을 본떠 만든 글자다. 따라서 〈田〉의 본래 뜻은 〈논과 밭〉이다. 〈논〉을 나타내는 〈畓〉자가 있어서 〈田〉은 〈밭〉만을 가리키는 것으로 알고 있지만, 원래 뜻은 〈논과 밭〉을 다 통칭한다.

해당부수 한자

由(말미암을 유), 甲(갑옷 갑), 男(사내 남), 界(경계 계), 畓(논 답), 畢(마칠 필), 畵(그림 화), 異(다를 이), 當(마땅 당), 疆(지경 강) 등.

한자의 활용

田

【밭】

•전야 (　　　)

•양전 (　　　)

界

【경계】

•한계 (　　　)

•분계 (　　　)

男

【사내】

•남자 (　　　)

•미남 (　　　)

異

【다르다】

•이견 (　　　)

•차이 (　　　)

□14□

邑 · 고을 읍

邑 (阝) 고을 읍	

부수 해설

음은 浥(읍)이고, 於(어)와 汲(급)의 반절이다. 갑골문을 보면 사각형 아래 한 사람이 무릎을 꿇고 앉아 있는 형상이다. 이는 임금이 있는 곳을 향한 백성의 모습을 나타낸 글자다. 여기서 파생되어 〈邑〉은 지금 〈고을〉로 통한다. 다른 글자와 결합을 할 때는 〈阝〉의 형태로 변형되어 글자의 오른쪽에 위치한다. 글자 왼쪽의 〈阝〉은 〈阜〉의 변형된 부수이다.

해당부수 한자

邦(나라 방), 郊(성밖 교), 郎(사나이 랑), 郡(고을 군), 部(마을 부), 郭(성곽 곽), 都(도읍 도), 鄕(시골 향) 등.

한자의 활용

邑

【읍】

- 읍내 (　　　)
- 도읍 (　　　)

都

【도읍】

- 도시 (　　　)
- 수도 (　　　)

郡

【고을】

- 군수 (　　　)
- 주군 (　　　)

鄕

【시골】

- 향리 (　　　)
- 고향 (　　　)

□15□

里 • 마을 리

里 마을 리	

부수 해설

음은 理(리)이고, 離(리)와 矣(의)의 반절이다. 〈里〉는 〈田〉과 〈土〉가 결합된 글자로, 곡식을 심을 수 있는 땅을 나타낸 글자다. 그래서 〈里〉의 본래의 뜻은 〈마을〉이다. 제부수 글자로 단독으로 많이 활용되나, 다른 글자와 결합되는 경우는 그렇게 많지 않다.

해당부수 한자

重(무거울 중), 野(들 야), 量(양 량) 등.

한자의 활용

里 【마을】
- 이장 (　　　)
- 촌리 (　　　)

野 【들】
- 야화 (　　　)
- 초야 (　　　)

重 【무겁다】
- 중력 (　　　)
- 경중 (　　　)

量 【양】
- 역량 (　　　)
- 도량 (　　　)

□16□

冫 • 얼음 빙

冫 얼음 빙 (이수 변)	

부수 해설

음은 冰(빙)이고, 悲(비)와 陵(릉)의 반절이다. 〈冫〉은 물이 엉겨서 얼 때의 무늬나 혹은 얼음판에 나 있는 금을 본떠 만든 글자다. 따라서 〈冫〉의 본래 뜻은 〈얼음〉이다. 지금은 확대되어 〈시원하다〉는 뜻까지도 가진다. 단독으로는 쓰이지 않으며, 다른 글자와 결합하여 〈얼음〉과 연관된 뜻을 나타내 준다.

해당부수 한자

凍(얼 동), 冬(겨울 동), 氷(얼음 빙), 冶(녹일 야), 冷(찰 랭), 凄(처량할 처), 凋(시들 조), 凌(업신여길 릉), 凝(엉길 응) 등.

한자의 활용

凍 【얼다】
- •동상 (　　　)
- •냉동 (　　　)

氷 【얼음】
- •빙과 (　　　)
- •결빙 (　　　)

冬 【겨울】
- •동계 (　　　)
- •삼동 (　　　)

冷 【차다】
- •냉수 (　　　)
- •한랭 (　　　)

연 습 문 제

1. 다음 글자의 부수 명칭을 쓰시오.

① 田 (　　　　　)
② 邑 (　　　　　)
③ 里 (　　　　　)
④ 冫 (　　　　　)

2. 다음 설명에 맞는 부수글자를 쓰시오.

① 농지 정리가 잘된 논과 밭둑의 모습을 본떠 만든 글자. (　)
② 물이 얼 때 얼음판에 생긴 금을 본떠 만든 글자. (　)
③ 임금이 있는 곳을 향한 백성의 모습을 나타낸 글자. (　)
④ 곡식을 심을 수 있는 땅을 나타낸 글자. (　)

3. 다음 문장에서 올바른 한자어를 고르시오.

① 능력의 한계(限界, 恨界)에 도전하는 정신이 귀하다.
② 한국의 수도(修道, 首都)는 서울이다.
③ 소포의 경중(敬重, 輕重)에 따라 요금이 다르다.
④ 올해 동계(同系, 冬季) 올림픽은 한국에서 열렸다.

4. 다음 한자어를 우리말로 읽어 보시오.

① 田野　良田　限界　分界　男子　美男　異見　差異
② 邑內　都邑　都市　首都　郡守　州郡　鄕里　故鄕
③ 里長　村里　野花　草野　重力　輕重　力量　度量
④ 凍傷　冷凍　氷菓　結氷　冬季　三冬　冷水　寒冷

□17□

气 · 기운 기

气

기운 기

부수 해설

음은 氣(기)이고, 起(기)와 毅(의)의 반절이다. 〈气〉는 아지랑이와 같은 기운이 위로 올라가 구름이 되는 모습을 본떠 만든 글자다. 따라서 〈气〉의 본래 뜻은 〈구름〉이다. 구름은 기체와 같이 자유롭게 움직이는 것에서 유래된 것이기 때문에 〈气〉는 현재 〈날씨〉·〈기운〉·〈숨〉·〈공기〉등의 의미로 확대되어 쓰이고 있다.

해당부수 한자

氛(기운 분), 氣(기운 기), 氤(기운어릴 인), 氳(기운어릴 온) 등.

한자의 활용

氛

【기운】

•분위기(　　　)

氣

【기운】

•기력 (　　　)
•공기 (　　　)

□18□
雨 • 비 우

雨 비 우	

부수 해설

음은 羽(우)이고, 王(왕)과 矩(구)의 반절이다. 〈雨〉는 하늘에서 비가 주룩주룩 내리는 형상을 본떠 만든 글자다. 따라서 〈雨〉의 본래 뜻은 〈비〉다. 제부수 글자로 많이 활용되며, 다른 글자와 결합이 되면 그 글자는 〈비〉와 연관된 뜻을 가진다.

해당부수 한자

雪(눈 설), 雲(구름 운), 雷(천둥 뢰), 電(번개 전), 震(진동할 진), 霜(서리 상), 霞(노을 하), 霧(안개 무), 露(이슬 로) 등.

한자의 활용

雨 **【비】**
- •우의 (　　　)
- •호우 (　　　)

電 **【번개】**
- •전기 (　　　)
- •정전 (　　　)

雲 **【구름】**
- •운무 (　　　)
- •백운 (　　　)

霜 **【서리】**
- •풍상 (　　　)
- •성상 (　　　)

□19□

風 • 바람 풍

風

바람 풍

부수 해설

음은 楓(풍)이고, 方(방)과 中(중)의 반절이다. 〈風〉은 〈凡(무릇 범)〉과 〈虫(벌레 충)〉이 결합된 글자로, 〈모든 벌레〉란 뜻이 된다. 벌레들은 바람의 움직임으로 생긴다 하여 〈바람〉이란 뜻으로 쓰이게 되었다. 제부수 글자로 많이 활용되며, 다른 글자와 결합되면 〈바람〉과 연관된 뜻을 가진다.

해당부수 한자

颯(바람소리 삽), 颱(큰바람 태), 颺(날릴 양), 飄(나부낄 표) 등.

한자의 활용

風

【바람】

- 풍향 (　　　)
- 냉풍 (　　　)

颱

【큰바람】

- 태풍 (　　　)

□20□
木 · 나무 목

木 나무 목	

부수 해설

음은 沐(목)이고, 莫(막)과 卜(복)의 반절이다. 〈木〉은 땅에 뿌리를 내린 나무의 모습을 본떠 만든 글자다. 따라서 〈木〉의 본래 뜻은 〈나무〉다. 제부수 글자로 단독으로 많이 활용되며, 다른 글자와 결합이 되면 결합된 글자는 〈나무〉와 연관된 뜻을 가진다.

해당부수 한자

本(근본 본), 李(오얏 리), 杏(살구 행), 材(재목 재), 村(마을 촌), 枝(가지 지), 柳(버들 류), 林(수풀 림), 梅(매화 매), 楊(버들 양), 樹(나무 수) 등.

한자의 활용

木
【나무】
•목재 (　　　)
•식목 (　　　)

村
【마을】
•촌락 (　　　)
•농촌 (　　　)

材
【재목】
•재질 (　　　)
•석재 (　　　)

樹
【나무】
•수림 (　　　)
•식수 (　　　)

연 습 문 제

1. 다음 글자의 부수 명칭을 쓰시오.

① 气 (   )
② 雨 (   )
③ 風 (   )
④ 木 (   )

2. 다음 설명에 맞는 부수글자를 쓰시오.

① 땅에 뿌리를 내린 나무의 모습을 본떠 만든 글자. (   )
② 원래는 "모든 벌레"란 뜻을 가졌던 글자. (   )
③ 하늘에서 비가 주룩주룩 내리는 형상을 본떠 만든 글자. (   )
④ 기운이 올라가 구름이 되는 모습을 본떠 만든 글자. (   )

3. 다음 문장에서 올바른 한자어를 고르시오.

① 사람에게 공기(空氣, 空器)가 없으면 살 수가 없다.
② 전기(前期, 電氣) 덕택에 호롱불이 자취를 감추게 되었다.
③ 배가 풍향(風向, 豊香)에 따라 밀려 간다.
④ 나무의 재질(才質, 材質)에 따라 품질이 달라진다.

4. 다음 한자어를 우리말로 읽어 보시오.

① 雰圍氣　氣力　空氣
② 雨衣　好雨　電氣　停電　雲霧　白雲　風霜　星霜
③ 風向　冷風　颱風
④ 木材　植木　村落　農村　材質　石材　樹林　植樹

□21□

片 • 조각 편

片 조각 편	

부수 해설

음은 徧(편)이고, 譬(비)와 宴(연)의 반절이다. 〈片〉은 〈木(나무 목)〉을 절반으로 잘라 오른쪽을 취하고, 이를 본떠 만든 글자다. 따라서 〈片〉은 〈조각〉을 뜻한다. 〈木〉의 왼쪽 절반인 〈爿(널판지 장)〉은 〈片〉보다 큰 것을 뜻한다. 그래서 〈爿〉이나 〈片〉과 함께 어울어지는 한자는 대부분 〈조각〉과 연관된 뜻을 가진다.

해당부수 한자

版(조각 판), 牌(호패 패), 牒(편지 첩), 牘(편지 독) 등.

한자의 활용

片

【조각】

•편육 (　　　)
•파편 (　　　)

版

【조각】

•목판 (　　　)
•합판 (　　　)

□22□

瓜 • 오이 과

瓜 오이 과	

부수 해설

음은 騧(와-과)이고, 古(고)와 華(화)의 반절이다. 〈瓜〉는 땅 위의 덩굴이 영글어서 그 덩굴 위에 과일이 열려 있는 모습을 본떠 만든 글자다. 그래서 〈瓜〉는 〈과일〉을 뜻한다. 〈오이 과〉라고 하는 것은 편의상 그렇게 한 것이고, 수박이나 참외 · 오이 · 박 등과 같은 덩굴 과일 열매를 통틀어 〈瓜〉라 한다. 때문에 〈瓜〉가 들어가는 글자는 덩굴에 열린 〈과일〉과 연관된 뜻을 가진다.

해당부수 한자

瓠(표주박 호), 瓢(표주박 표) 등.

한자의 활용

瓜

【오이】

- 과전 (　　　)
- 서과 (　　　)

瓢

【바가지】

- 단표 (　　　)

□23□

生 • 날 생

生 날 생	

부수 해설

음은 甥(생)이고, 所(소)와 庚(경)의 반절이다. 〈生〉은 땅에서 만물이 소생하는 모습을 본떠 만든 글자다. 따라서 〈生〉의 본뜻은 〈초목이 자라다〉는 뜻이다. 뒤에 와서는 초목에만 국한시키지 않고 성장하는 모든 것을 다 지칭하게 되었다. 주로 단독으로 많이 활용되며, 다른 글자와 결합되는 경우는 그렇게 많지 않다.

해당부수 한자

産(낳을 산), 甥(생질 생), 甦(깨어날 소) 등.

한자의 활용

生

【나다】

- 생장 (　　　)
- 출생 (　　　)

産

【낳다】

- 산모 (　　　)
- 생산 (　　　)

甥

【생질】

- 생질 (　　　)

甦

【깨어나다】

- 소생 (　　　)

□24□

竹・대죽

竹 (⺮) 대 죽	

부수 해설

음은 竺(축)이고, 支(지)와 六(륙)의 반절이다. 〈竹〉은 아래로 드리우고 있는 대나무의 형상을 본떠 만든 글자다. 그래서 〈竹〉의 본래 뜻은 〈대나무〉가 된다. 단독으로도 많이 활용되며, 다른 글자와 결합되면 그 글자는 〈대나무〉와 연관된 뜻을 가진다.

해당부수 한자

竿(낚싯대 간), 笑(웃을 소), 笛(피리 적), 笠(삿갓 립), 筆(붓 필), 等(같을 등), 管(대롱 관), 算(셈할 산), 答(대답할 답), 節(마디 절) 등.

한자의 활용

筆 【붓】
- 필통 (　　　)
- 명필 (　　　)

算 【셈하다】
- 산수 (　　　)
- 암산 (　　　)

答 【대답하다】
- 답안 (　　　)
- 정답 (　　　)

節 【마디】
- 절약 (　　　)
- 시절 (　　　)

□25□

艸 • 풀 초

艸 (艹, ⺾) 풀 초	

부수 해설

음은 草(초)이고, 此(차)와 襖(오)의 반절이다. 〈艸〉는 땅위에 풀이 나 있는 모습을 본뜬 글자다. 따라서 〈艸〉의 본래 뜻은 〈풀〉이다. 〈艸〉는 독립적으로는 쓰이지 못하고 다른 글자와 결합하여 쓰이는데, 이렇게 만들어진 글자들은 〈풀〉과 연관된 뜻을 나타낸다. 〈艸〉가 다른 글자와 결합할 때는 주로 머리에 붙되, 〈艹〉와 〈⺾〉 형태로 변형되어 쓰인다.

해당부수 한자

花(꽃 화), 芳(꽃다울 방), 苑(동산 원), 英(꽃부리 영), 苗(싹 묘), 茶(차 다), 荷(연꽃 하), 菊(국화 국), 草(풀 초), 菜(나물 채), 華(화려할 화) 등.

한자의 활용

草 【풀】
- 초목 (　　　)
- 화초 (　　　)

茶 【차】
- 다실 (　　　)
- 명차 (　　　)

花 【꽃 】
- 화조 (　　　)
- 매화 (　　　)

菜 【채소】
- 채식 (　　　)
- 산채 (　　　)

□26□

青 · 푸를 청

青 푸를 청	

부수 해설

음은 鶄(청)이고, 七(칠)과 經(경)의 반절이다. 〈青〉은 〈生〉과 〈井〉이 결합하여 만들어진 글자다. 그래서 그 뜻은 "우물에서 생겨난다."는 뜻이다. 우물에서 생겨나는 것은 〈푸른 이끼〉다. 따라서 〈青〉의 원래 뜻은 〈푸르다〉이다. 〈青〉은 독립적으로 많이 활용되는 제부수 글자다. 다른 글자와 결합되는 경우가 그렇게 많지 않다.

해당부수 한자

靖(편안할 정), 靚(단정할 정), 靜(고요할 정), 靘(검푸른빛 정) 등.

한자의 활용

青 【푸르다】
- 청색 (　　　)
- 담청 (　　　)

靜 【고요하다】
- 정좌 (　　　)
- 평정 (　　　)

☆ 淸 【맑을 청, 水부】
- 청량 (　　　)
- 청향 (　　　)

☆ 晴 【개일 청, 日부】
- 청명 (　　　)
- 쾌청 (　　　)

연 습 문 제

1. 다음 글자의 부수 명칭을 쓰시오.

① 片 (　　　　) ② 瓜 (　　　　) ③ 生 (　　　　)
④ 竹 (　　　　) ⑤ 艸 (　　　　) ⑥ 青 (　　　　)

2. 다음 설명에 맞는 부수글자를 쓰시오.

① 덩굴 위에 과일이 열려 있는 모습을 본떠 만든 글자. (　)
② 땅에서 만물이 소생하는 모습을 본떠 만든 글자. (　)
③ 대나무의 형상을 본떠 만든 글자. (　)
④ 땅위에 풀이 나 있는 모습을 본뜬 글자. (　)

3. 다음 문장에서 올바른 한자어를 고르시오.

① 식물의 생장(生葬, 生長) 과정을 관찰해 보라.
② 나의 어린 시절(時節, 詩節)은 참으로 불행하였다.
③ 매화(梅花, 梅畵) 나무 한 그루를 마당에 심었다.
④ 오늘은 참 날씨가 청명(聽命, 晴明)하다.

4. 다음 한자어를 우리말로 읽어 보시오.

① 片肉　破片　木版　合版
② 瓜田　西瓜　簞瓢
③ 生長　出生　産母　生産　甥姪　甦生
④ 筆筒　名筆　算數　暗算　答案　正答　節約　時節
⑤ 草木　花草　茶室　名茶　花鳥　梅花　菜食　山菜
⑥ 青色　淡青　靜坐　平靜　淸涼　淸香　晴明　快晴

6

의식주와 관련된 부수

□01□

巾 • 수건 건

巾

수건 건

부수 해설

음은 津(진-건)이고, 基(기)와 因(인)의 반절이다. 〈巾〉은 걸어놓은 수건의 모습을 본떠 만든 글자다. 따라서 〈巾〉의 본뜻은 〈수건〉이다. 이 수건은 〈천〉으로 만든 관계로 다른 글자와 함께 쓰일 때는 〈천〉과 연관된 뜻을 가진다. 독립적으로 쓰이는 제부수 글자다.

해당부수 한자

布(베 포), 帆(돛 범), 希(바랄 희), 帖(문서 첩), 帛(비단 백), 帝(임금 제), 帥(거느릴 수), 師(스승 사), 帳(휘장 장), 帽(모자 모), 幕(장막 장) 등.

한자의 활용

巾

【수건】

•수건 (　　　)
•두건 (　　　)

布

【베】

•포목 (　　　)
•백포 (　　　)

帳

【휘장】

•장막 (　　　)
•장폭 (　　　)

幕

【막】

•막간 (　　　)
•개막 (　　　)

02

玉 · 구슬 옥

玉 (王) 구슬 옥	

부수 해설

음은 獄(옥)이고, 魚(어)와 欲(욕)의 반절이다. 〈玉〉은 구슬 세 개를 연달아 꿰어 놓은 모습을 본떠 만든 글자다. 따라서 〈玉〉은 본래 〈옥〉이라는 뜻을 가진다. 처음에 이 글자가 만들어졌을 때는 〈王〉자에 점이 없었는데, 뒤에 와서 〈王〉자와 구별하기 위해 점을 첨가시킨 것이다. 그러나 다른 글자와 함께 어울릴 때는 본래의 모습인 〈옥〉의 뜻으로 쓰인다.

해당부수 한자

王(임금 왕), 玩(희롱할 완), 玲(옥소리 령), 珍(보배 진), 珠(구슬 주), 現(나타날 현), 球(옥 구), 琢(쪼을 탁), 瑞(옥홀 서), 璧(구슬 벽), 環(고리 환) 등.

한자의 활용

玉 **【구슬】**
- 옥석 (　　　)
- 주옥 (　　　)

瑞 **【옥홀, 상서롭다】**
- 서기 (　　　)
- 상서 (　　　)

珍 **【보배】**
- 진주 (　　　)
- 진귀 (　　　)

環 **【고리 환】**
- 옥환 (　　　)
- 지환 (　　　)

□03□

糸 • 실 사

糸 실 사	

부수 해설

음은 覓(멱)이고, 迷(미)와 檄(격)의 반절이다. 〈糸〉는 꼬아놓은 노끈의 실이 풀려 있는 모습을 본떠 만든 글자다. 따라서 〈糸〉는 본래 〈실〉이란 뜻을 가진다. 〈糸〉는 독립적으로 쓸 수 없는 부수글자로, 다른 글자와 결합하여 활용된다. 다른 글자와 결합되면 그 글자는 대부분 〈실〉과 연관된 뜻을 가진다.

해당부수 한자

系(맬 계), 約(맺을 약), 紙(종이 지), 細(가늘 세), 結(맺을 결), 絶(끊을 절), 線(실 선), 緖(실마리 서), 緣(인연 연), 縫(꿰맬 봉), 織(짤 직) 등.

한자의 활용

約 【맺다】
- 약속 ( )
- 언약 ( )

絶 【끊다】
- 절교 ( )
- 거절 ( )

結 【맺다】
- 결혼 ( )
- 연결 ( )

線 【실】
- 선로 ( )
- 광선 ( )

□04□

衣 • 옷 의

衣 (衤) 옷 의	

부수 해설

음은 依(의)이고, 乙(을)과 希(희)의 반절이다. 〈衣〉는 저고리의 모습을 본떠 만든 글자다. 따라서 〈衣〉의 본래 뜻은 〈옷〉이다. 〈衣〉는 독립적으로 활용되는 제부수 글자며, 다른 글자와 어울리면 〈옷〉과 연관된 뜻을 가진다. 〈衣〉가 다른 글자의 왼쪽 변에서 부수로 쓰일 때는 〈衤〉의 형태로 쓰인다. 때로는 〈裏〉와 같이 아래 위로 떨어지는 경우도 있다.

해당부수 한자

表(겉 표), 衿(옷깃 금), 袈(가사 가), 袋(자루 대), 袍(도포 포), 袖(소매 수), 被(입을 피), 裏(속 리), 補(기울 보), 裸(옷벗을 라), 製(지을 제) 등.

한자의 활용

衣

【옷】
- 의복 (   )
- 탈의 (   )

裏

【속】
- 이면 (   )
- 표리 (   )

被

【입다】
- 피복 (   )
- 피해 (   )

製

【짓다】
- 제작 (   )
- 특제 (   )

연습문제

1. 다음 글자의 부수 명칭을 쓰시오.

① 巾 (　　　　　)
② 玉 (　　　　　)
③ 糸 (　　　　　)
④ 衣 (　　　　　)

2. 다음 설명에 맞는 부수글자를 쓰시오.

① 걸어놓은 수건의 모습을 본떠 만든 글자. (　)
② 저고리의 모습을 본떠 만든 글자. (　)
③ 꼬아놓은 노끈의 실이 풀려 있는 모습을 본떠 만든 글자. (　)
④ 구슬 세 개를 연달아 꿰어 놓은 모습을 본떠 만든 글자. (　)

3. 다음 문장에서 올바른 한자어를 고르시오.

① 전국체육대회가 개막(開幕, 問慕)되었다.
② 그는 자기의 딸을 주옥(珠玉, 酒屋)처럼 귀하게 여겼다.
③ 그는 철도의 선로(線路, 船路)를 따라 계속 걸었다.
④ 싸움을 하면 서로가 피해(被害, 避害)를 보는 경우가 많다.

4. 다음 한자어를 우리말로 읽어 보시오.

① 手巾　頭巾　布木　白布　帳幕　帳幅　幕間　開幕
② 玉石　珠玉　瑞氣　祥瑞　珍珠　珍貴　玉環　指環
③ 約束　言約　絶交　拒絶　結婚　連結　線路　光線
④ 衣服　脫衣　裏面　表裏　被服　被害　製作　特製

□05□

麻 · 삼 마

麻 삼 마	

부수 해설

음은 蟆(마)이고, 莫(막)과 遐(하)의 반절이다. 〈麻〉는 〈广(집 엄)〉과 그 안의 삼대 모양을 한 글자와 결합된 글자다. 이는 집 안에서 길쌈하는 것을 나타내기 위한 결합이다. 따라서 〈麻〉는 〈삼〉을 뜻한다. 독립적으로 운용되는 제부수 글자다. 다른 글자와 결합되는 경우는 그렇게 많지 않다.

해당부수 한자

麼(잘 마), 麾(장대기 휘), 黂(삼씨 분) 등.

한자의 활용

麻

【삼】

- 마의 (　　　)
- 대마 (　　　)

□06□

火 • 불 화

火 (灬) 불 화	

부수 해설

음은 夥(과-화)이고, 虎(호)와 果(과)의 반절이다. 〈火〉는 불이 활활 타오르는 불꽃의 모양을 본떠 만든 글자다. 때문에 〈火〉의 본래 뜻은 〈불〉이 된다. 〈火〉는 독립적으로 쓰이는 제부수 글자다. 다른 글자와 결합이 되어 〈불〉과 연관된 의미를 나타낸다. 다른 글자의 발로 쓰일 경우 〈灬〉로 쓰이는 경우도 있다.

해당부수 한자

灼(지질 작), 災(재앙 재), 炎(불꽃 염), 炭(숯 탄), 烈(빛날 렬), 烏(까마귀 오), 烹(삶을 팽), 烽(봉화 봉), 無(없을 무), 煙(연기 연), 熟(익힐 숙) 등.

한자의 활용

火

【불】
- 화재 (　　　)
- 방화 (　　　)

災

【재앙】
- 재앙 (　　　)
- 수재 (　　　)

無

【없다】
- 무지 (　　　)
- 전무 (　　　)

熟

【익히다】
- 숙지 (　　　)
- 완숙 (　　　)

□07□

禾 • 벼 화

禾 벼 화	

부수 해설

음은 和(화)이고, 胡(호)와 訛(와)의 반절이다. 〈禾〉는 벼가 익어 고개를 숙이고 있는 모습을 본떠 만든 글자다. 따라서 〈禾〉의 본래 뜻은 〈벼〉가 된다. 〈禾〉는 독립적으로 활용되는 제부수 글자이며, 다른 글자와 결합이 되면 결합된 그 글자는 대부분 〈벼〉와 깊은 관계를 가진다.

해당부수 한자

秀(빼어날 수), 私(사사로울 사), 秋(가을 추), 科(품수 과), 秧(벼모 앙), 秩(차례 질), 移(옮길 이), 種(심을 종), 稷(피 직), 穀(곡식 곡), 穫(벼벨 확) 등.

한자의 활용

秋 【가을】
- 추수 (　　　)
- 만추 (　　　)

移 【옮기다】
- 이식 (　　　)
- 추이 (　　　)

種 【심다】
- 종묘 (　　　)
- 파종 (　　　)

穀 【곡식】
- 곡식 (　　　)
- 오곡 (　　　)

□08□

皿 · 그릇 명

皿 그릇 명	

부수 해설

음은 茗(명)이고, 米(미)와 挺(정)의 반절이다. 〈皿〉은 음식을 담는 그릇의 모습을 본떠 만든 글자다. 따라서 〈皿〉의 본래 뜻은 〈그릇〉이 된다. 독립적으로 활용되는 제부수 글자이긴 하지만, 대부분 다른 글자와 결합할 때 아랫부분에 붙어 〈그릇〉과 연관된 뜻을 나타낸다.

해당부수 한자

盃(잔 배), 盈(찰 영), 益(더할 익), 盛(성할 성), 盜(도적 도), 盟(맹세 맹), 盡(다할 진), 監(볼 감), 盤(소반 반), 盧(밥그릇 로) 등.

한자의 활용

盃 【잔】
- 축배 (　　　)
- 고배 (　　　)

益 【더하다】
- 익우 (　　　)
- 손익 (　　　)

盛 【성하다】
- 성행 (　　　)
- 풍성 (　　　)

盡 【다하다】
- 진력 (　　　)
- 미진 (　　　)

연 습 문 제

1. 다음 글자의 부수 명칭을 쓰시오.

① 麻 (　　　　　)
② 火 (　　　　　)
③ 禾 (　　　　　)
④ 皿 (　　　　　)

2. 다음 설명에 맞는 부수글자를 쓰시오.

① 벼가 익어 고개를 숙이고 있는 모습을 본떠 만든 글자. (　)
② 집 안에서 길쌈하는 것을 나타내기 위한 결합. (　)
③ 불이 활활 타오르는 불꽃의 모양을 본떠 만든 글자. (　)
④ 음식을 담는 그릇의 모습을 본떠 만든 글자. (　)

3. 다음 문장에서 올바른 한자어를 고르시오.

① 재앙(災殃, 炎央)은 무지에서 오는 경우가 많다.
② 기초가 전무(全無, 專務)한 상황에서 성공하기는 참 어렵다.
③ 지금 농촌에는 한창 추수(秋水, 秋收)를 하고 있다.
④ 요즘은 감기가 성행(星行, 盛行)하고 있다.

4. 다음 한자어를 우리말로 읽어 보시오.

① 麻衣　大麻
② 火災　放火　災殃　水災　無知　全無　熟知　完熟
③ 秋收　晩秋　移植　推移　種苗　播種　穀食　五穀
④ 祝杯　苦杯　益友　損益　盛行　豐盛　盡力　未盡

□09□
米 • 쌀 미

米 쌀 미	

부수 해설

음은 眯(미)이고, 莫(막)과 禮(례)의 반절이다. 〈米〉는 벼나 기장의 낟알이 많이 달린 모습을 본떠 만든 글자다. 따라서 〈米〉의 본 뜻은 〈이삭〉이 된다. 지금은 〈米〉를 〈쌀〉에 국한시켜 사용하지만, 옛날에는 이삭 형태의 곡식은 다 〈米〉로 통칭하였다. 때문에 〈米〉와 함께 결합되는 글자에는 〈쌀〉 뿐만 아니라 이삭 형태의 다른 곡식과도 연관된 뜻을 가진다.

해당부수 한자

粉(가루 분), 粒(낟알 립), 粗(거칠 조), 粘(붙을 점), 粟(좁쌀 속), 粱(기장 량), 精(가릴 정), 糖(엿 당), 糞(똥 분), 糟(지게미 조), 糧(양식 량) 등.

한자의 활용

米 【쌀】
- 미곡 (　　　)
- 정미 (　　　)

粉 【가루】
- 분말 (　　　)
- 미분 (　　　)

糞 【똥】
- 분뇨 (　　　)
- 인분 (　　　)

糧 【양식】
- 양식 (　　　)
- 군량 (　　　)

□10□

酉 • 닭 유

酉 닭 유	

부수 해설

음은 有(유)이고, 矣(의)와 九(구)의 반절이다. 〈酉〉는 술을 담아놓은 항아리의 모습을 본떠 만든 글자다. 그래서 〈酉〉의 본래 뜻은 〈술〉이다. 그러나 뒤에 이글자를 가차하여 〈닭〉을 나타내게 됨으로써 〈酉〉는 본래의 〈술〉이란 의미를 잃어버리고 말았다. 〈酉〉가 본래 〈술〉을 뜻했던 관계로 다른 글자와 결합된 것을 보면 〈술〉과 연관된 뜻을 가지는 글자가 많다.

해당부수 한자

酎(진한술 주), 酒(술 주), 酬(갚을 수), 酵(술고일 효), 醉(취할 취), 醋(초 초), 醒(술깰 성), 醞(술빚을 온), 釀(술빚을 양) 등.

한자의 활용

酒

【술】

•주량 (　　)

•탁주 (　　)

醉

【취하다】

•취객 (　　)

•만취 (　　)

醒

【술깨다】

•각성 (　　)

釀

【술을 빚다】

•양조 (　　)

•양주 (　　)

□11□

食 • 먹을 식

食 먹을 식	

부수 해설

음은 蝕(식)이고, 實(실)과 職(직)의 반절이다. 〈食〉은 두껑이 있는 제기 모습의 그릇에 밥을 담아 놓은 모습을 본떠 만든 글자다. 따라서 〈食〉의 본래 뜻은 〈밥〉이다. 지금에 와서는 〈밥〉이란 뜻으로 〈飯〉을 쓰고, 〈食〉은 〈먹다〉는 뜻으로 많이 쓰이고 있다. 〈食〉과 결합된 글자는 거의 〈먹다〉는 뜻과 연관을 가진다.

해당부수 한자

飢(주릴 기), 飮(마실 음), 飯(밥 반), 飼(먹일 사), 飽(배부를 포), 飾(꾸밀 식), 養(기를 양), 餘(남을 여), 饅(만두 만), 饒(넉넉할 요), 饑(굶을 기) 등.

한자의 활용

食 【먹다】
- 식당 (　　　)
- 간식 (　　　)

飮 【마시다】
- 음료 (　　　)
- 식음 (　　　)

養 【기르다】
- 양식 (　　　)
- 보양 (　　　)

餘 【남다】
- 여분 (　　　)
- 잉여 (　　　)

□12□

麥 • 보리 맥

麥 보리 맥	

부수 해설

음은 脈(맥)이고, 莫(막)과 白(백)의 반절이다. 〈麥〉은 〈來〉와 〈夂〉의 결합으로 보리이삭이 패어 난 모습을 나타내기 위한 글자다. 〈來〉의 본래 뜻은 〈보리〉이며, 〈麥〉의 본래 뜻도 〈보리〉가 된다. 독립적으로 활용되는 제부수 글자며, 다른 글자와 어울리게 되면 〈보리〉와 관계된 뜻을 가진다.

해당부수 한자

麩(밀기울 부), 麰(갈보리 모), 麴(누룩 국), 麵(밀가루 면) 등.

한자의 활용

麥

【보리】

•맥주 (　　　)
•대맥 (　　　)

麵

【밀가루】

•면류 (　　　)
•냉면 (　　　)

연 습 문 제

1. 다음 글자의 부수 명칭을 쓰시오.

① 米 (　　　　　)
② 酉 (　　　　　)
③ 食 (　　　　　)
④ 麥 (　　　　　)

2. 다음 설명에 맞는 부수글자를 쓰시오.

① 제기에 밥을 담아 놓은 모습을 본떠 만든 글자. (　)
② 술을 담아놓은 항아리의 모습을 본떠 만든 글자. (　)
③ 보리이삭이 패어 난 모습을 나타내기 위한 글자. (　)
④ 벼나 기장의 낟알이 많이 달린 모습을 본떠 만든 글자. (　)

3. 다음 문장에서 올바른 한자어를 고르시오.

① 요즘도 먹을 양식(糧食, 洋食)이 없어서 죽는 사람이 많다.
② 그는 통일에 대한 민족적 각성(覺醒, 各姓)을 강조하였다.
③ 한국에서는 개고기를 보양(保養, 補陽) 식품으로 인식하고 있다.
④ 평양 냉면(冷麵, 令面)을 좋아하는 사람들이 많다.

4. 다음 한자어를 우리말로 읽어 보시오.

① 米穀　精米　粉末　米粉　糞尿　人糞　糧食　軍糧
② 酒量　濁酒　醉客　滿醉　覺醒　釀造　釀酒
③ 食堂　間食　飮料　食飮　養殖　保養　餘分　剩餘
④ 麥酒　大麥　麵類　冷麵

□13□

黍 • 기장 서

黍 기장 서	

부수 해설

음은 署(서)이고, 賞(상)과 呂(려)의 반절이다. 〈黍〉는 기장을 나타내기 위해 〈禾〉와 〈人〉과 〈氺〉를 결합시켜 만든 글자다. 독립적으로 쓰이는 제부수 글자며, 다른 글자와 결합이 되어 활용되기도 하지만 몇 글자 되지 않는다. 기장에는 두 종류가 있는데, 〈黍〉는 메기장을, 〈稷〉은 〈차기장〉을 가리킨다.

해당부수 한자

黎(검을 려), 黏(풀 점), 黐(끈끈이 리) 등.

한자의 활용

黍

【기장】

•서직 (　　　)

•서주 (　　　)

黎

【검다】

•여명 (　　　)

□14□

鼎 • 솥 정

鼎 솥 정	

부수 해설

음은 頂(정)이고, 底(저)와 醒(성)의 반절이다. 〈鼎〉은 세 발과 두 개의 귀를 가진 솥의 모습을 본떠 만든 글자다. 따라서 〈鼎〉은 본래 〈솥〉을 뜻한다. 주로 단독으로 쓰이는 제부수 글자다. 다른 글자와 결합하여 〈솥〉과 관계된 뜻을 나타내지만, 몇 글자 되지 않는다.

해당부수 한자

鼐(가마솥 내), 鼏(소댕 멱), 鼒(옹달솥 재) 등.

한자의 활용

鼎

【솥】

- 정립 (　　　)
- 철정 (　　　)

□15□

齊 • 가지런할 제

齊

가지런할 제

부수 해설

음은 臍(제)이고, 徂(조)와 兮(혜)의 반절이다. 〈齊〉는 벼와 보리같은 이삭들이 나란하게 서 있는 모습을 본떠 만든 글자다. 따라서 〈齊〉의 본래 뜻은 〈나란하다〉 〈가지런하다〉는 뜻이다. 주로 제부수 글자로 많이 활용되며, 다른 글자와 결합되는 경우는 그렇게 많지 않은 편이다.

해당부수 한자

齋(집 재), 齌(불땔 제), 齍(제기 자), 齎(가져올 재), 齏(나물 제) 등.

한자의 활용

齊

【가지런하다】

•제가 (　　　)
•일제 (　　　)

齋

【집】

•재각 (　　　)
•서재 (　　　)

□16□

亠 • 지붕 두

亠

지붕 두
(돼지해밑 변)

부수 해설

음은 頭(두)이고, 徒(도)와 鉤(구)의 반절이다. 〈亠〉는 망루의 지붕 형상을 본떠 만든 글자다. 따라서 〈亠〉는 본래 〈지붕〉을 뜻한다. 이는 독립적으로는 쓰이지 못하고 다른 글자와 결합되어 쓰이는 부수글자이다. 〈亠〉의 모양이 〈亥(돼지 해)〉의 머리와 비슷하여 그랬는지는 몰라도 이 글자의 명칭을 〈돼지해밑 변〉이라고도 하지만, 본래 뜻과는 관계가 없다.

해당부수 한자

亡(망할 망), 交(사귈 교), 亥(돼지 해), 亦(또 역), 亨(형통할 형), 享(누릴 향), 京(서울 경), 亭(정자 정), 亮(밝을 량) 등.

한자의 활용

亡

【망하다】
- 망국 (　　　)
- 멸망 (　　　)

交

【사귀다】
- 교우 (　　　)
- 절교 (　　　)

享

【누리다】
- 향수 (　　　)
- 향락 (　　　)

亭

【정자】
- 정자 (　　　)
- 객정 (　　　)

연 습 문 제

1. 다음 글자의 부수 명칭을 쓰시오.

① 黍 (　　　　　)
② 鼎 (　　　　　)
③ 齊 (　　　　　)
④ 亠 (　　　　　)

2. 다음 설명에 맞는 부수글자를 쓰시오.

① 세 발과 두 개의 귀를 가진 솥의 모습을 본떠 만든 글자. (　)
② 망루의 지붕 형상을 본떠 만든 글자. (　)
③ 이삭들이 나란하게 서 있는 모습을 본떠 만든 글자. (　)
④ 기장을 나타내기 위해 만든 글자. (　)

3. 다음 문장에서 올바른 한자어를 고르시오.

① 동이 트는 여명(餘命, 黎明) 속으로 그는 떠나고 말았다.
② 우리나라도 한 때 삼국이 정립(正立, 鼎立)해 있었다.
③ 그의 서재(書齋, 西齊)에는 책이 아주 많다.
④ 교우(交友, 校友)관계가 원만하지 못한 사람도 있다.

4. 다음 한자어를 우리말로 읽어 보시오.

① 黍稷　黍酒　黎明
② 鼎立　鐵鼎
③ 齊家　一齊　齋閣　書齋
④ 亡國　滅亡　交友　絶交　享受　享樂　亭子　客亭

□17□

冖 • 덮을 멱

冖 덮을 멱 (민갓머리 변)	

부수 해설

음은 覓(멱)이고, 莫(막)과 狄(적)의 반절이다. 〈冖〉은 천이나 보자기로 물건을 덮어 위가 편편하고 양쪽 가장자리가 아래로 내려진 모습을 본떠 만든 글자다. 따라서 〈冖〉의 본래 뜻은 〈덮다〉가 된다. 독립적으로 활용되지 않는 부수 글자다. 이것이 다른 글자와 결합되면 그 글자는 〈덮다〉는 뜻과 연관이 된다.

해당부수 한자

冘(망서릴 유), 冠(갓 관), 冢(무덤 총), 冤(원통할 원), 冥(어두울 명), 冪(덮을 멱) 등.

한자의 활용

冠

【갓】

- 의관 (　　　)
- 왕관 (　　　)

冢

【무덤】

- 총묘 (　　　)
- 고총 (　　　)

冤

【원통하다】

- 원통 (　　　)
- 원혼 (　　　)

冥

【어둡다】

- 명상 (　　　)
- 명명 (　　　)

□18□

厂 • 바위굴 엄

厂 바위굴 엄 (민엄호 변)	

부수 해설

음은 漢(한)이고, 黑(흑)과 按(안)의 반절이다. 〈厂〉은 깍아지른 듯한 절벽에 돌출한 바위돌이 있어 바위굴처럼 된 것을 본떠서 만든 글자다. 따라서 〈厂〉의 본래 뜻은 〈바위굴〉이 된다. 〈厂〉은 독립적으로 쓰이지 않으며 다른 글자와 결합하면 그 글자는 〈바위굴〉과 연관된 뜻을 가진다.

해당부수 한자

厄(재앙 액), 厓(언덕 애), 厖(두터울 방), 厚(두터울 후), 原(근원 원), 厥(그것 궐), 厭(싫을 염), 厲(사나울 려) 등.

한자의 활용

厚 【두텁다】
- 후덕 (　　　)
- 중후 (　　　)

原 【근원】
- 원가 (　　　)
- 원래 (　　　)

厭 【싫어하다】
- 염증 (　　　)
- 염세 (　　　)

☆ **歷** 【지낼 력, 止부】
- 역사 (　　　)
- 내력 (　　　)

□19□

囗 • 에울 위

囗

에울 위
(큰입구 변)

부수 해설

음은 圍(위)이고, 羽(우)와 非(비)의 반절이다. 〈囗〉는 정사각형의 담이 안을 둘러싸고 있는 모습을 본떠 만든 글자다. 따라서 〈囗〉의 본래 뜻은 〈둘러싸다〉가 된다. 독립적으로는 쓰이지 않고, 다른 글자와 결합되어 활용되는데, 다른 글자와 어울리면 그 글자는 〈에워쌈〉과 연관된 뜻을 가진다.

해당부수 한자

囚(가둘 수), 四(넉 사), 回(돌아올 회), 因(인할 인), 困(곤할 곤), 囹(감옥 령), 固(단단할 고), 國(나라 국), 圍(포위할 위), 園(동산 원), 圓(둥글 원) 등.

한자의 활용

回 【돌아오다】
- 회생 (　　　)
- 회신 (　　　)

固 【단단하다】
- 고수 (　　　)
- 견고 (　　　)

圍 【포위하다】
- 포위 (　　　)
- 주위 (　　　)

園 【동산】
- 공원 (　　　)
- 학원 (　　　)

20

宀 • 지붕 면

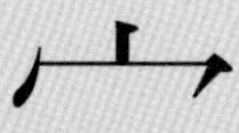 지붕 면 (갓머리 변)	

부수 해설

음은 綿(면)이고, 武(무)와 延(연)의 반절이다. 〈宀〉은 초가집의 지붕을 보고 본뜬 글자다. 따라서 〈宀〉의 본래 뜻은 〈지붕〉이 된다. 여기서 확대되어 〈집〉이란 뜻으로도 쓰인다. 모양이 갓처럼 생겨 〈갓머리변〉이라고도 하지만 뜻과는 아무런 관계가 없다. 〈宀〉은 독립하여 쓰이는 경우가 없고, 다른 글자와 결합하여 〈집〉과 연관된 뜻을 나타내 준다.

해당부수 한자

宅(집 택), 宇(집 우), 守(지킬 수), 安(편안할 안), 完(완전할 완), 宙(집 주), 定(정할 정), 客(손 객), 室(방 실), 宮(궁궐 궁), 家(집 가), 宿(잘 숙) 등.

한자의 활용

安

【편안하다】
- 안정 (　　)
- 편안 (　　)

客

【손님】
- 객실 (　　)
- 빈객 (　　)

室

【방】
- 실내 (　　)
- 거실 (　　)

家

【집】
- 가족 (　　)
- 본가 (　　)

연 습 문 제

1. 다음 글자의 부수 명칭을 쓰시오.

① 冖 (　　　　　)
② 厂 (　　　　　)
③ 囗 (　　　　　)
④ 宀 (　　　　　)

2. 다음 설명에 맞는 부수글자를 쓰시오.

① 초가집의 지붕을 보고 본뜬 글자. (　)
② 정사각형의 담이 안을 둘러싸고 있는 모습을 본떠 만든 글자. (　)
③ 절벽에 바위돌이 있어 바위굴처럼 된 것을 본떠서 만든 글자. (　)
④ 보자기로 물건을 덮은 모습을 본떠 만든 글자. (　)

3. 다음 문장에서 올바른 한자어를 고르시오.

① 정제한 의관(醫官, 衣冠)은 선비의 기본이었다.
② 물건을 원가(怨歌, 原價)대로 파는 장사는 드물다.
③ 국군은 고지를 고수(固守, 鼓手)하기 위해 애를 썼다.
④ 그 환자는 안정(安定, 顔情)을 취해야만 했다.

4. 다음 한자어를 우리말로 읽어 보시오.

① 衣冠　王冠　冢墓　古冢　冤痛　冤魂　冥想　冥冥
② 厚德　重厚　原價　原來　厭症　厭世　歷史　來歷
③ 回生　回信　固守　堅固　包圍　周圍　公園　學園
④ 安定　便安　客室　政客　室內　居室　家族　本家

□21□
广 • 집 엄

广 집 엄 (엄호밑 변)	

부수 해설

음은 儼(엄)이고, 魚(어)와 檢(검)의 반절이다. 〈广〉은 지붕과 한쪽 벽면을 본떠 만든 글자다. 따라서 〈广〉의 본래 뜻은 〈집〉이다. 독립하여 쓰이는 경우는 없고 다른 글자와 결합하여 쓰이는데, 결합시 그 글자는 〈집〉과 연관된 뜻을 가진다.

해당부수 한자

庀(다스릴 비), 庇(덮을 비), 序(차례 서), 底(밑 저), 庖(부엌 포), 店(가게 점), 座(자리 좌), 庫(창고 고), 廟(사당 묘), 康(편안 강), 廳(대청 청) 등.

한자의 활용

底 【밑】
- •저면 (　　　)
- •고저 (　　　)

店 【가게】
- •점방 (　　　)
- •상점 (　　　)

座 【자리】
- •좌석 (　　　)
- •상좌 (　　　)

康 【편안하다】
- •강녕 (　　　)
- •건강 (　　　)

22

戶 • 지게문 호

戶 지게문 호	

부수 해설

음은 祜(호)이고, 侯(후)와 古(고)의 반절이다. 〈戶〉는 한 짝으로 된 대문의 모습을 본떠 만든 글자다. 따라서 〈戶〉의 본래 뜻은 〈대문〉이나, 각 가정의 대문은 하나의 〈집〉을 뜻하기도 하므로 〈집〉이란 뜻으로 사용되기도 한다. 독립된 제부수 글자로 많이 활용되며, 다른 글자와 결합되면 그 글자는 〈집〉과 관련된 뜻을 가진다.

해당부수 한자

戹(좁을 액), 房(방 방), 所(바 소), 扁(납짝할 편), 扃(빗장 경), 扇(부채 선), 扉(사립문 비), 扈(뒤따를 호) 등.

한자의 활용

戶 【집】
- 호수 (　　　)
- 문호 (　　　)

房 【방】
- 방내 (　　　)
- 독방 (　　　)

所 【장소】
- 소재 (　　　)
- 장소 (　　　)

扇 【부채】
- 선형 (　　　)
- 백선 (　　　)

□23□

穴 • 구멍 혈

穴 구멍 혈	

부수 해설

玄(현)의 거성이고, 胡(호)와 決(결)의 반절이다. 〈穴〉은 〈宀〉과 〈八〉이 결합된 것으로, 이는 움막집을 나타내기 위해 만든 글자다. 따라서 〈穴〉의 본래 뜻은 〈움막집〉이다. 그런데 〈움막집〉은 뻥 뚫린 구멍이 쉽게 연상된다. 때문에 〈穴〉은 〈구멍〉의 뜻도 가진다. 독립적으로도 쓰이지만, 다른 글자와 결합하여 〈구멍〉과 연관된 뜻을 나타낸다.

해당부수 한자

穵(더듬을 알), 究(궁구할 구), 空(빌 공), 穿(뚫을 천), 窒(질식할 질), 窓(창문 창), 窮(다할 궁), 窺(엿볼 규), 竅(구멍 규), 竊(좀도둑 절) 등.

한자의 활용

究
【궁구하다】
- 구명 (　　　)
- 연구 (　　　)

空
【비다】
- 공간 (　　　)
- 허공 (　　　)

窓
【창문】
- 창문 (　　　)
- 동창 (　　　)

窮
【다하다】
- 궁극 (　　　)
- 무궁 (　　　)

□24□

門 · 문 문

門 문 문	

부수 해설

음은 捫(문)이고, 模(모)와 魂(혼)의 반절이다. 〈門〉은 문짝이 두 개인 대문의 모습을 본떠 만든 글자다. 때문에 〈門〉의 본래 뜻은 〈문〉이 된다. 〈門〉은 독립적으로도 많이 활용되는 글자며, 다른 글자와 결합하면 그 글자는 〈문〉과 연관된 뜻을 가진다.

해당부수 한자

閉(닫을 폐), 開(열 개), 閑(한가할 한), 間(사이 간), 閘(갑문 갑), 閣(누각 각), 閨(좁은문 규), 闇(어두울 암), 闕(대궐 궐), 關(문빗장 관), 闢(열 벽) 등.

한자의 활용

門 【문】
- 문전 (　　　)
- 명문 (　　　)

開 【열다】
- 개화 (　　　)
- 만개 (　　　)

間 【사이】
- 간식 (　　　)
- 시간 (　　　)

關 【문빗장】
- 관문 (　　　)
- 상관 (　　　)

□25□

高 · 높을 고

高 높을 고	

부수 해설

음은 羔(고)이고, 古(고)와 勞(로)의 반절이다. 〈高〉는 망루가 높이 솟아 있는 모습을 본떠 만든 글자다. 그래서 〈高〉의 본래 뜻은 〈높다〉가 된다. 〈高〉는 독립적으로만 활용되며, 다른 글자와 결합되는 경우도 있으나, 이 때 〈高〉부수 글자로 결합되는 것이 아니고, 다른 부수의 聲部 역할을 하는데 활용된다.

한자의 활용

高 【높다】
- 고위 (　　　)
- 최고 (　　　)

☆ **敲** 【두드릴 고, 攴부】
- 퇴고 (　　　)

☆ **槁** 【마를 고, 木부】
- 고목 (　　　)

☆ **膏** 【기름고, 肉부】
- 고혈 (　　　)
- 고량 (　　　)

연 습 문 제

1. 다음 글자의 부수 명칭을 쓰시오.

① 广 (　　　　　)　② 戶 (　　　　　)　③ 穴 (　　　　　)
④ 門 (　　　　　)　⑤ 高 (　　　　　)

2. 다음 설명에 맞는 부수글자를 쓰시오.

① 문짝이 두 개인 대문의 모습을 본떠 만든 글자. (　)
② 한 짝으로 된 대문의 모습을 본떠 만든 글자. (　)
③ 망루가 높이 솟아 있는 모습을 본떠 만든 글자. (　)
④ 움막집을 나타내기 위해 만든 글자. (　)
⑤ 지붕과 한쪽 벽면을 본떠 만든 글자. (　)

3. 다음 문장에서 올바른 한자어를 고르시오.

① 사람은 건강(健康, 建江)한 육체를 원한다.
② 범인의 소재(所在, 素材)를 파악하기 위해 노력 중이다.
③ 이 방은 공간(空間, 公刊)이 좁다.
④ 나는 최고(最古, 最高) 실력자가 되기를 원한다.

4. 다음 한자어를 우리말로 읽어 보시오.

① 底面　高低　店房　商店　座席　上座　康寧　健康
② 戶數　門戶　房內　獨房　所在　場所　扇形　白扇
③ 究明　研究　空間　虛空　窓門　同窓　窮極　無窮
④ 門前　名門　開花　滿開　間食　時間　關門　相關
⑤ 高位　最高　推敲　槁木　膏血　膏粱

7

동작 및 형용과 관련된 부수

□01□

入 • 들 입

入

들 입

부수 해설

任(임)의 입성이고, 人(인)과 執(집)의 반절이다. 〈入〉은 풀과 나무의 뿌리가 땅속으로 들어가는 모습을 본뜬 글자다. 따라서 〈入〉의 본래의 뜻은 〈들어가다〉가 된다. 독립적으로 많이 활용되는 제부수 글자다. 그러나 다른 글자와 결합해서 〈들어가다〉의 뜻을 나타내는 합체자는 그렇게 많지 않다.

해당부수 한자

內(안 내), 全(온전 전), 兩(둘 량), 兪(성씨 유) 등.

한자의 활용

入 【들어가다】
- 입실 (　　　)
- 출입 (　　　)

內 【안】
- 내부 (　　　)
- 댁내 (　　　)

全 【온전하다】
- 전부 (　　　)
- 완전 (　　　)

兩 【둘】
- 양친 (　　　)
- 양가 (　　　)

□02□
勹・쌀포

勹 쌀 포	

부수 해설

음은 苞(포)이고, 布(포)와 交(교)의 반절이다. 〈勹〉는 사람이 구부린 상태에서 손으로 배를 싸고 있는 모습을 본떠 만든 글자다. 따라서 〈勹〉의 본래 뜻은 〈싸다〉가 된다. 〈勹〉는 독립적으로 쓰이지 못하고 다른 글자와 결합하여 하나의 글자를 형성하는데, 그렇게 결합된 글자는 〈감싸다〉와 연관된 뜻을 가진다.

해당부수 한자

勺(구기 작), 勿(말 물), 包(쌀 포), 匈(가슴 흉), 匍(기어갈 포), 匐(기어갈 복), 匏(박 포), 躬(공경할 궁) 등.

한자의 활용

勿

【말다】
- 물망초 (   )

包

【싸다】
- 포위 (   )
- 소포 (   )

匈

【가슴】
- 흉노 (   )

匍

【기어가다】
- 포복 (   )

□03□

廴 • 길게 걸을 인

廴 길게 걸을 인 (민책받침 변)	

부수 해설

음은 引(인)이고, 余(여)와 忍(인)의 반절이다. 〈廴〉은 사람이 보폭을 크게 해서 성큼성큼 걷는 모습을 본떠 만든 글자다. 따라서 〈廴〉의 원래 뜻은 〈걷다〉가 된다. 〈廴〉은 독립적으로 쓰이지 못하며, 다른 글자와 결합하여 〈걷다〉는 동작과 연관된 뜻을 나타낸다. 모양이 비슷한 부수로 〈夂(뒤처져올 치)〉와 〈夊(천천히 걸을 쇠)〉가 있고, 모두 걷는 동작을 나타낸다.

해당부수 한자

延(끌 연), 廷(조정 정), 建(세울 건), 廻(돌릴 회) 등.

한자의 활용

延 【끌다】
- 연기 (　　　)
- 지연 (　　　)

廷 【조정】
- 정론 (　　　)
- 조정 (　　　)

建 【세우다】
- 건설 (　　　)
- 재건 (　　　)

廻 【돌리다】
- 순회 (　　　)

□04□

彳 • 작은걸음 척

彳 작은걸음 척 (두인 변)	

부수 해설

음은 斥(척)이고, 丑(축)과 亦(역)의 반절이다. 〈彳〉은 사람이 반걸음 정도의 종종걸음으로 걷는 모습을 본떠 만든 글자다. 따라서 〈彳〉의 본래 뜻은 〈걷다〉가 된다. 독립적으로는 쓰이지 않고, 다른 글자와 결합되어 〈걷다〉는 뜻과 연관된 뜻을 나타낸다. 〈亻(사람인 변)〉이 중복되어 〈두인 변〉이라고 부르기도 한다.

해당부수 한자

彴(운성 박), 彷(배회할 방), 役(부릴 역), 往(갈 왕), 彼(저 피), 征(갈 정), 待(기다릴 대), 徇(돌 순), 後(뒤 후), 徐(천천히 서), 徙(이사 사), 從(따를 종)등.

한자의 활용

往

【가다】

- 왕복 (　　　)
- 내왕 (　　　)

征

【가다】

- 정벌 (　　　)
- 출정 (　　　)

待

【기다리다】

- 대기 (　　　)
- 후대 (　　　)

後

【뒤】

- 후학 (　　　)
- 전후 (　　　)

연습문제

1. 다음 글자의 부수 명칭을 쓰시오.

① 入 (　　　　　)
② 勹 (　　　　　)
③ 廴 (　　　　　)
④ 彳 (　　　　　)

2. 다음 설명에 맞는 부수글자를 쓰시오.

① 풀과 나무의 뿌리가 땅속으로 들어가는 모습을 본뜬 글자. (　)
② 사람이 큰 보폭으로 성큼성큼 걷는 모습을 본떠 만든 글자. (　)
③ 사람이 손으로 배를 싸고 있는 모습을 본떠 만든 글자. (　)
④ 사람이 종종걸음으로 걷는 모습을 본떠 만든 글자. (　)

3. 다음 문장에서 올바른 한자어를 고르시오.

① 그의 의견에 대해 전부(全部, 前部) 반대하였다.
② 우체국에 가서 소포(小包, 小布)를 찾아 오너라.
③ 비 때문에 경기가 연기(延期, 煙氣)되었다.
④ 나는 우리가 우승하기를 기대(期待, 機臺)하고 있다.

4. 다음 한자어를 우리말로 읽어 보시오.

① 入室　出入　內部　宅內　全部　完全　兩親　兩家
② 勿忘草　包圍　小包　匈奴　匍腹
③ 延期　遲延　廷論　朝廷　建設　再建　巡廻
④ 往復　來往　征伐　出征　待期　厚待　後學　前後

ㅁ05ㅁ

支 • 지탱할 지

支 지탱할 지	

부수 해설

음은 之(지)이고, 章(장)과 移(이)의 반절이다. 〈支〉는 〈十〉부분과 〈又〉부분으로 나뉘어지는데, 위의 〈十〉은 〈열 십〉이 아니라 〈竹〉의 반쪽을 나타낸 것이고, 〈又〉는 오른손을 나타낸 것이다. 따라서 〈支〉는 오른손으로 대나무를 잡고 있는 모습을 나타낸 글자고, 〈支〉의 본뜻은 〈가지〉가 된다. 하지만 지금은 〈가지〉라는 뜻보다는 〈지탱하다〉는 뜻으로 확대되어 사용되고 있다. 〈支〉는 독립적으로 많이 활용되는 제부수 글자다. 다른 글자와 결합되는 경우는 몇 안된다.

해당부수 한자

攲(기울어질 기), 攳(길 심) 등.

한자의 활용

支

【지탱하다】

- 지주 (　　　)
- 본지 (　　　)

□06□

攴 • 칠 복

攴 (攵) 칠 복 (둥글월 문)	

부수 해설

음은 扑(복)이고, 普(보)와 屋(옥)의 반절이다. 〈攴〉은 무엇을 두드리기 위해 오른 손에 어떤 물건을 들고 있는 모습을 나타낸 글자다. 따라서 〈攴〉의 본래 뜻은 〈치다〉가 된다. 독립적으로 쓰이지 못하는 부수글자다. 다른 글자와 결합이 되면 그 글자는 주로 〈치다〉·〈두드리다〉는 뜻과 연관된 의미를 가진다.

해당부수 한자

收(거둘 수), 改(고칠 개), 攻(칠 공), 放(놓을 방), 政(정사 정), 效(본받을 효), 教(가르칠 교), 敏(빠를 민), 救(구할 구), 敗(패할 패), 敬(공경할 경) 등.

한자의 활용

收 【거두다】
- 수입 (　　　)
- 추수 (　　　)

改 【고치다】
- 개선 (　　　)
- 회개 (　　　)

放 【놓다】
- 방학 (　　　)
- 해방 (　　　)

敗 【패하다】
- 패배 (　　　)
- 완패 (　　　)

□07□
欠 • 하품 흠

欠 하품 흠	

부수 해설

謙(겸)의 거성이고, 去(거)와 劍(검)의 반절이다. 〈欠〉은 사람의 입으로부터 기가 나오는 모습을 본뜬 글자다. 〈欠〉의 윗 부분은 입김과 같은 氣이고, 아랫 부분은 사람이다. 따라서 〈欠〉의 본래 뜻은 〈하품하다〉는 뜻이 된다. 여기서 확대되어 〈입을 벌리다〉는 뜻도 되고, 더 나아가 〈부족하다〉는 뜻도 가진다.

해당부수 한자

次(버금 차), 欣(기쁠 흔), 欲(탐낼 욕), 欺(속일 기), 欽(공경할 흠), 歇(쉴 헐), 歌(노래 가), 歎(탄식할 탄), 歡(기쁠 환) 등.

한자의 활용

欠 【하품, 부족하다】
- 흠점 (　　)
- 흠사 (　　)

欺 【속이다】
- 기만 (　　)
- 사기 (　　)

歌 【노래】
- 가사 (　　)
- 군가 (　　)

歡 【기쁘다】
- 환영 (　　)
- 비환 (　　)

□08□

止 • 그칠 지

止 그칠 지	

부수 해설

음은 芷(지)이고, 諸(제)와 市(시)의 반절이다. 〈止〉는 사람이 땅을 딛고 서 있는 발의 모습을 본떠 만든 글자다. 따라서 〈止〉의 본래 뜻은 〈발〉이다. 그런데 땅에 발을 디디고 서 있음은 곧 〈정지〉를 뜻함으로 여기서 움직임을 〈정지하다〉는 뜻까지도 가지게 되었다. 〈止〉는 독립적으로 많이 활용되는 제부수 글자다.

해당부수 한자

正(바를 정), 此(이 차), 步(걸음 보), 武(무력 무), 歪(기울 왜), 歲(해 세), 歷(겪을 력), 歸(돌아올 귀) 등.

한자의 활용

止

【그치다】
- 지혈 (　　　)
- 정지 (　　　)

此

【이】
- 차후 (　　　)
- 피차 (　　　)

歲

【해】
- 세배 (　　　)
- 연세 (　　　)

歸

【돌아오다】
- 귀향 (　　　)
- 회귀 (　　　)

연 습 문 제

1. 다음 글자의 부수 명칭을 쓰시오.

① 支 (　　　　　)
② 攴 (　　　　　)
③ 欠 (　　　　　)
④ 止 (　　　　　)

2. 다음 설명에 맞는 부수글자를 쓰시오.

① 사람이 땅을 딛고 서 있는 발의 모습을 본떠 만든 글자. (　)
② 사람의 입으로부터 기가 나오는 모습을 본뜬 글자. (　)
③ 오른손으로 대나무를 잡고 있는 모습을 나타낸 글자. (　)
④ 오른 손에 어떤 물건을 들고 있는 모습을 나타낸 글자. (　)

3. 다음 문장에서 올바른 한자어를 고르시오.

① 우리는 믿고 따를 수 있는 정신적 지주(支柱, 地主)가 필요하다.
② 요즘은 수입(收入, 樹立)이 많이 줄었다.
③ 나를 기만(欺瞞, 幾萬)하지 말아라.
④ 그는 모든 차를 정지(整地, 停止)토록 하였다.

4. 다음 한자어를 우리말로 읽어 보시오.

① 支柱　本支
② 收入　秋收　改善　悔改　放學　解放　敗北　完敗
③ 欠點　欠事　欺瞞　詐欺　歌詞　軍歌　歡迎　悲歡
④ 止血　停止　此後　彼此　歲拜　年歲　歸鄉　回歸

□09□

比 • 견줄 비

比

견줄 비

부수 해설

음은 匕(비)이고, 卑(비)와 履(리)의 반절이다. 갑골문에서 〈比〉의 자형을 보면 두 사람이 나란히 서 있는 형상을 하고 있다. 따라서 〈比〉의 원래 뜻은 〈나란히 서 있다〉가 된다. 사람이 나란히 서 있다 보면 서로 비교가 될 수 있다. 때문에 〈비교하다〉는 뜻으로 확대되어 활용되기도 한다. 독립적으로 많이 활용되고 다른 글자와 결합되는 경우는 많지 않다.

해당부수 한자

毖(삼갈 비), 毗(도울 비), 毚(약은토끼 참) 등.

한자의 활용

比

【견주다】

- 비교 (　　　)
- 대비 (　　　)

☆ 琵

【비파 비, 玉부】

- 비파 (　　　)

□10□
至 • 이를 지

至 이를 지	

부수 해설

음은 摯(지)이고, 止(지)와 肆(사)의 반절이다. 갑골문을 보면 땅 위에 화살이 거꾸로 꽂혀 있는 모양을 하고 있다. 이것은 화살이 날아와 땅에 이른 것이다. 따라서 〈至〉의 본래 뜻은 〈이르다〉가 된다. 여기서 의미가 확장되어 〈지극하다〉는 뜻도 가진다. 〈至〉는 독립적으로 쓰이는 제부수 글자며, 다른 글자와 결합되는 경우 그 글자는 〈이르다〉와 연관된 뜻을 가진다.

해당부수 한자

致(이를 치), 臺(대 대), 臻(이를 진) 등.

한자의 활용

至 【이르다】
- 지금 (　　　)
- 내지 (　　　)

致 【이르다】
- 치부 (　　　)
- 극치 (　　　)

臺 【대】
- 대각 (　　　)
- 경대 (　　　)

☆ **室** 【집 실, 宀부】
- 실장 (　　　)
- 병실 (　　　)

□11□

行 • 갈 행

行

갈 행

부수 해설

음은 形(형-행)이고, 戶(호)와 庚(경)의 반절이다. 갑골문에서 〈行〉의 자형을 보면 네거리 길을 구체적으로 나타내고 있다. 따라서 〈行〉의 원래 뜻은 〈네거리〉가 되며, 뒤에 와서 〈가다〉·〈다니다〉로 그 의미가 확대되었다. 이런 字源에 기초하여 〈行〉자와 결합된 글자에는 〈길〉과 연관된 뜻을 가진다. 때로 〈줄〉이란 뜻으로도 쓰이는데, 이 때는 〈항〉으로 읽는다.

해당부수 한자

衍(성할 연), 術(재주 술), 街(거리 가), 衙(마을 아), 衝(부딪칠 충), 衛(막을 위), 衡(저울 형), 衢(네거리 구) 등.

한자의 활용

行

【가다】

- 행동 (   )
- 동행 (   )

街

【거리】

- 가도 (   )
- 시가 (   )

衝

【부딪치다】

- 충돌 (   )
- 충동 (   )

衛

【막다】

- 위병 (   )
- 방위 (   )

□12□

襾 • 덮을 아

襾 (西) 덮을 아	

부수 해설

음은 亞(아)이고, 衣(의)와 駕(가)의 반절이다. 篆書의 자형을 보면 어떤 물건을 놓고 그 위에 무엇으로 덮어 놓은 형상이다. 혹자는 〈一(누름판)〉·〈冖(물건덮개)〉·〈凵(물건)〉으로 해석하고 있다. 야튼 〈襾〉의 본래 뜻은 〈덮다〉가 된다. 독립적으로는 쓰이지 않는 부수글자며, 다른 글자와 결합되는 경우도 그렇게 많지 않은 편이다.

해당부수 한자

西(서녘 서), 要(필요할 요), 覃(퍼질 담), 覆(엎어질 복, 덮을 부), 覈(핵실할 핵) 등.

한자의 활용

西 【서녘】
- 서양 (　　　)
- 남서 (　　　)

要 【필요하다】
- 요망 (　　　)
- 필요 (　　　)

覆 【엎어지다】
- 전복 (　　　)

☆ **票** 【쪽지 표, 示부】
- 차표 (　　　)
- 투표 (　　　)

연습문제

1. 다음 글자의 부수 명칭을 쓰시오.

① 比 (　　　　)
② 至 (　　　　)
③ 行 (　　　　)
④ 襾 (　　　　)

2. 다음 설명에 맞는 부수글자를 쓰시오.

① 어떤 물건을 놓고 그 위에 무엇으로 덮어 놓은 형상의 글자. (　)
② 땅 위에 화살이 거꾸로 꽂혀 있는 모양을 하고 있는 글자. (　)
③ 네거리 길을 구체적으로 나타내고 있는 글자. (　)
④ 두 사람이 나란히 서 있는 형상을 하고 있는 글자. (　)

3. 다음 문장에서 올바른 한자어를 고르시오.

① 우리는 서로 키를 비교(比較, 飛橋)해 보았다.
② 정당하지 못한 방법으로 치부(致富, 恥部)한 사람도 있다.
③ 우리는 김포 가도(街道, 家道)를 쏜살처럼 달렸다.
④ 건강을 위해서는 적당한 운동이 필요(必要, 心粟)하다.

4. 다음 한자어를 우리말로 읽어 보시오.

① 比較　對比　琵琶
② 至今　乃至　致富　極致　臺閣　鏡臺　室長　病室
③ 行動　同行　街道　市街　衝突　衝動　衛兵　防衛
④ 西洋　南西　要望　必要　顚覆　車票　投票

□13□

見 · 볼 견

見 볼 견	

부수 해설

음은 堅(견)이고, 記(기)와 宴(연)의 반절이다. 〈見〉은 사람이 서 있는 형상 중 눈을 강조하여 만든 글자다. 따라서 〈見〉의 본래 뜻은 〈보다〉가 된다. 단독으로 쓰이는 제부수 글자며, 다른 글자와 결합되면 그 글자는 〈보다〉 뜻과 연관된 의미를 가진다. 때로 〈見〉은 〈보이다〉·〈뵙다〉는 뜻으로도 쓰이는데, 이때는 〈현〉으로 발음한다.

해당부수 한자

規(규칙 규), 覓(찾을 멱), 視(볼 시), 覘(엿볼 첨), 親(친할 친), 覺(깨달을 각), 覽(볼 람), 觀(볼 관), 覛(볼 맥), 覜(뵐 조), 覡(박수 격) 등.

한자의 활용

見 【보다】
- 견문 (　　　)
- 소견 (　　　)

視 【보다】
- 시력 (　　　)
- 사시 (　　　)

親 【친하다】
- 친밀 (　　　)
- 친근 (　　　)

觀 【보다】
- 관점 (　　　)
- 참관 (　　　)

□14□

走 • 달릴 주

走 달릴 주	

부수 해설

음은 奏(주)이고, 子(자)와 歐(구)의 반절이다. 〈走〉는 갑골문을 보면 사람이 뛰어가는 형상을 하고 있다. 글자의 아랫부분은 〈발〉을 뜻하는 〈止〉이다. 따라서 〈走〉의 원래 뜻은 〈달리다〉가 된다. 뒤에 와서 〈달아나다〉·〈가다〉는 등의 뜻으로 확대되었다. 독립적으로 운용되는 제부수 글자다. 다른 글자와 결합이 되면 그 글자는 〈발〉의 동작과 관계된 뜻을 가진다.

해당부수 한자

赴(다다를 부), 起(일어날 기), 趁(쫓을 진), 超(뛰어넘을 초), 越(넘을 월), 趙(조나라 조), 趣(뜻 취), 趨(달아날 추), 趫(재빠를 교) 등.

한자의 활용

走 【달리다】
- 주마 (　　　)
- 경주 (　　　)

起 【일어나다】
- 기립 (　　　)
- 발기 (　　　)

超 【뛰어넘다】
- 초월 (　　　)
- 초과 (　　　)

越 【넘다】
- 월권 (　　　)
- 탁월 (　　　)

□15□

辵 • 쉬엄쉬엄갈 착

辵 (辶) 쉬엄쉬엄갈 착 (책받침)	

부수 해설

음은 逴(탁-착)이고, 丑(축)과 略(략)의 반절이다. 〈辵〉은 〈彳(작은 걸음 척)〉과 〈止(그칠 지)〉가 결합된 글자로, 이는 쉬엄쉬엄 가는 걸음을 나타내기 위한 글자다. 따라서 〈辵〉의 본래 뜻은 〈쉬엄쉬엄 가다〉가 된다. 뒤에 와서 〈걷다〉·〈움직이다〉는 뜻도 가지게 되었다. 독립하지 못하며, 다른 글자와 어울리면 그 글자는 〈움직임〉과 관련된 의미를 갖는다.

해당부수 한자

迅(빠를 신), 迎(맞이할 영), 近(가까울 근), 返(돌아올 반), 述(지을 술), 迹(발자국 적), 追(쫓을 추), 退(물러날 퇴), 送(보낼 송), 道(길 도), 遠(멀 원) 등.

한자의 활용

迎

【맞이하다】
- 영접 (　　　)
- 환영 (　　　)

近

【가깝다】
- 근처 (　　　)
- 원근 (　　　)

退

【물러나다】
- 퇴직 (　　　)
- 후퇴 (　　　)

送

【보내다】
- 송별 (　　　)
- 발송 (　　　)

□16□
小 • 작을 소

小 작을 소	

부수 해설

蕭(소)의 상성이고, 洗(세)와 夭(요)의 반절이다. 〈小〉는 〈八〉과 〈丨〉 두 글자로 구성되어 있는데, 이는 어떤 물건을 반으로 잘라 작게 만든다는 의미를 나타내기 위한 글자다. 따라서 〈小〉의 본래 뜻은 〈작다〉가 된다. 〈小〉는 독립적으로 활용되는 제부수 글자며, 다른 글자와 결합되면 그 글자는 〈작다〉는 뜻과 연관된 의미를 가진다.

해당부수 한자

少(적을 소), 尖(뾰족할 첨), 尙(숭상할 상) 등.

한자의 활용

小 【작다】
- 소형 (　　　)
- 대소 (　　　)

少 【적다】
- 소량 (　　　)
- 다소 (　　　)

尖 【뾰족하다】
- 첨병 (　　　)
- 첨단 (　　　)

尙 【숭상하다】
- 숭상 (　　　)
- 고상 (　　　)

연습문제

1. 다음 글자의 부수 명칭을 쓰시오.

① 見 (　　　　　)
② 走 (　　　　　)
③ 辶 (　　　　　)
④ 小 (　　　　　)

2. 다음 설명에 맞는 부수글자를 쓰시오.

① 사람이 서 있는 형상 중 눈을 강조하여 만든 글자. (　)
② 쉬엄쉬엄 가는 걸음을 나타내기 위한 글자. (　)
③ 사람이 뛰어가는 형상을 하고 있는 글자. (　)
④ 물건을 반으로 잘라 작게 만든다는 의미를 표현한 글자. (　)

3. 다음 문장에서 올바른 한자어를 고르시오.

① 나의 이번 행동에 대해 사시(斜視, 四時)로 보지 말아라.
② 뜻있는 자들의 발기(勃起, 發起)로 모임이 형성되었다.
③ 그는 촌수의 원근(遠近, 原根)을 너무 따진다.
④ 이 둘은 대소(大小, 大笑)를 구별하기가 힘들다.

4. 다음 한자어를 우리말로 읽어 보시오.

① 見聞　所見　視力　斜視　親密　親近　觀點　參觀
② 走馬　競走　起立　發起　超越　超過　越權　卓越
③ 迎接　歡迎　近處　遠近　退職　後退　送別　發送
④ 小型　大小　少量　多少　尖兵　尖端　崇尙　高尙

□17□

幺 · 작을 요

幺

작을 요

부수 해설

음은 邀(요)이고, 於(어)와 堯(요)의 반절이다. 〈幺〉는 〈糸(실 사)〉의 반쪽을 나타낸 것으로, 한 가닥 실의 반쪽이 얼마나 작은지에 대해 상상이 간다. 따라서 〈幺〉의 본래 뜻은 〈작다〉가 된다. 〈幺〉는 독립적으로 쓰이지 않는 부수 글자다. 다른 글자와 결합되는 경우도 그렇게 많지 않다.

해당부수 한자

幻(변할 환), 幼(어릴 유), 幽(그윽할 유), 幾(몇 기) 등.

한자의 활용

幻

【변하다】

•환등 (　　　)
•몽환 (　　　)

幼

【어리다】

•유아 (　　　)
•장유 (　　　)

幽

【그윽하다】

•유곡 (　　　)
•청유 (　　　)

幾

【몇】

•기하 (　　　)

□18□

玄 • 검을 현

玄

검을 현

부수 해설

음은 懸(현)이고, 胡(호)와 涓(연)의 반절이다. 篆書를 보면 막대기 모양에 실을 한 가닥 늘어뜨려 놓은 형상을 하고 있다. 이 실은 새잡는 그물의 일부분을 표현한 것이다. 따라서 〈玄〉의 본래의 뜻은 〈그물의 실〉이다. 그물은 위장을 위해 검은 것으로 만들었기 때문에 그랬는지 뒤에 와서는 〈검다〉는 뜻을 가지게 되었다. 독립적으로 많이 활용되는 제부수 글자며, 다른 글자와 결합되는 경우는 별로 많지 않다.

해당부수 한자

玆(이 자), 率(거느릴 솔), 玈(검을 로) 등.

한자의 활용

玄

【검다, 오묘하다】

•현묘 (　　　)

率

【거느리다】

•솔선 (　　　)

•통솔 (　　　)

□19□

甘 · 달 감

甘 달 감	

부수 해설

음은 柑(감)이고, 沽(고)와 三(삼)의 반절이다. 갑골문을 보면 입과 같은 형상 속에 가로로 하나의 짧은 선이 들어 있다. 이 가로 획을 어떤 이는 달콤한 사탕으로 해석하고, 어떤 이는 단맛을 느끼는 부위를 표한 것이라 하고 있다. 어쨌든 〈甘〉의 본래 뜻은 〈달다〉가 된다. 주로 독립적으로 활용되고, 다른 글자와 결합되는 경우는 아주 적다.

해당부수 한자

甚(심할 심), 甛(달 첨) 등.

한자의 활용

甘 【달다】
- 감초 (　　　)
- 감미 (　　　)

甚 【심하다】
- 심심 (　　　)
- 막심 (　　　)

甛 【달다】
- 첨과 (　　　)

☆ **某** 【아무 모, 木부】
- 모일 (　　　)
- 모월 (　　　)

□20□

色 • 빛 색

色 빛 색	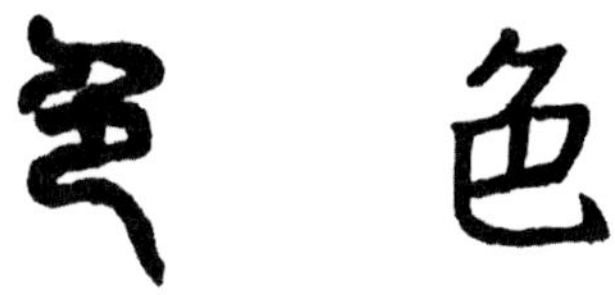

부수 해설

음은 嗇(색)이고, 師(사)와 側(측)의 반절이다. 〈色〉에 대한 《설문해자》 에서의 설명은 〈人(사람 인)〉과 〈卩(병부 절)〉이 결합된 글자며, 그 뜻은 〈안색〉이라고 적고 있다. 이 설명만으로는 〈色〉에 대한 본래의 뜻을 알아내기에 다소 어려움이 있다. 어쨌든 〈色〉은 〈색깔〉 〈빛깔〉 등의 뜻으로 널리 운용되고 있다. 다른 글자와 결합되는 경우는 아주 적다.

해당부수 한자

艴(발끈할 불), 艶(고울 염) 등.

한자의 활용

色

【색깔】

- 색광 (   )
- 황색 (   )

艶

【곱다】

- 염가 (   )
- 요염 (   )

연 습 문 제

1. 다음 글자의 부수 명칭을 쓰시오.

① 幺 (　　　　　)
② 玄 (　　　　　)
③ 甘 (　　　　　)
④ 色 (　　　　　)

2. 다음 설명에 맞는 부수글자를 쓰시오.

① 糸(실 사)의 반쪽을 나타낸 글자. (　)
② 색깔 ·빛깔 등의 뜻으로 널리 운용되는 글자. (　)
③ 막대기에 실을 한 가닥 늘어뜨려 놓은 형상의 글자. (　)
④ 달다는 뜻을 나타내고 있는 글자. (　)

3. 다음 문장에서 올바른 한자어를 고르시오.

① 놀이방에는 유아(幼芽, 幼兒) 용품이 많았다.
② 그는 단체를 통솔(統率, 總卒)하는 능력이 뛰어나다.
③ 이번 비로 피해가 막심(莫甚, 草其)하다.
④ 배경의 색광(色光, 色狂)에 따라 강조되는 정도가 다르다.

4. 다음 한자어를 우리말로 읽어 보시오.

① 幻燈　夢幻　幼兒　長幼　幽谷　淸幽　幾何
② 玄妙　率先　統率
③ 甘草　甘味　甚深　莫甚　添加　某日　某月
④ 色光　黃色　艶歌　妖艶

□21□

赤 • 붉을 적

赤 붉을 적	

부수 해설

음은 斥(척-적)이고, 昌(창)과 石(석)의 반절이다. 〈赤〉자의 전서를 보면 〈大〉와 〈火〉 두 글자로 만들어져 있음을 알 수 있다. 이는 〈크다〉는 뜻과 〈불〉이라는 뜻을 합쳐 불이 활활 타오르는 것을 표현한 글자다. 따라서 〈赤〉의 본래 뜻은 〈붉다〉가 된다. 독립적으로 많이 운용되는 제부수 글자다. 뜻이 확대되어 지금은 〈벌거숭이〉·〈텅비다〉는 뜻으로도 응용되고 있다. 다른 글자와 결합되면 결합된 그 글자는 〈붉다〉는 뜻과 연관된 의미를 가진다.

해당부수 한자

赦(놓아줄 사), 赧(붉힐 란), 赫(붉을 혁), 䞓(붉을 정), 赮(붉을 하), 赬(붉을 정), 赭(붉은흙 자) 등.

한자의 활용

赤

【붉다】

- 적색 (   )
- 적화 (   )

赦

【놓아주다】

- 사면 (   )
- 특사 (   )

□22□

辛 • 매울 신

辛 매울 신	

부수 해설

음은 新(신)이고, 菊(국)과 於(어)의 반절이다. 갑골문을 보면 〈辛〉은 죄인에게 문신을 하는 등 형벌에 쓰이는 칼의 모양으로 되어 있다. 그래서 《설문해자》 에서는 〈죄〉를 뜻한다고 하고 있다. 따라서 〈辛〉의 본래의 뜻은 〈죄〉라 하겠다. 하지만 뒤에 와서 〈고생하다〉·〈맵다〉는 뜻도 가지게 되었다. 또 천간 중의 여덟 번째 글자로 가차되어 쓰이고 있다.

해당부수 한자

辜(허물 고), 辟(물리칠 벽), 辣(매울 랄), 辦(말씀 판), 辨(분별할 변), 辭(말씀 사), 辯(말잘할 변) 등.

한자의 활용

辛
【맵다】
- 신고 (　　　)
- 신랄 (　　　)

辨
【분별하다】
- 변명 (　　　)
- 분변 (　　　)

辭
【말씀】
- 사전 (　　　)
- 언사 (　　　)

辯
【말잘하다】
- 변호 (　　　)
- 웅변 (　　　)

23

長 • 길 장

長 (镸) 길 장	

부수 해설

음은 場(장)이고, 池(지)와 陽(양)의 반절이다. 〈長〉은 사람의 머리칼이 긴 모습을 본떠 만든 글자다. 따라서 〈長〉의 본래 뜻은 〈길다〉가 된다. 머리칼이 긴 것에서 출발해서인지 〈노인〉이란 뜻도 가지게 되었다. 독립적으로 주로 많이 활용되는 제부수 글자다. 다른 글자와 결합되는 경우도 몇 있으나, 이 때는 다른 부수글자의 일부분으로 쓰이고 있다.

한자의 활용

長 【길다】
- 장단 (   )
- 성장 (   )

☆張 【베풀 장, 弓부】
- 장력 (   )
- 주장 (   )

□24□

黃 · 누를 황

黃 누를 황	

부수 해설

음은 皇(황)이고, 胡(호)와 光(광)의 반절이다. 갑골문을 보면 〈黃〉자는 사람이 허리에 패옥 모양의 노리개를 차고 있는 모습을 하고 있다. 따라서 〈黃〉의 본래 뜻은 〈노리개〉가 된다. 그러나 그 노리개가 노란색이어서 그랬는지는 몰라도 뒤에 와서는 〈노랗다〉는 것만을 강조하다가 〈노리개〉라는 뜻이 사라지고 만 것이다. 독립적으로 쓰이는 제부수 글자며, 다른 글자와 결합되는 경우는 몇 안된다.

해당부수 한자

黆(씩씩할 광), 黈(누를 주), 黌(학교 횡) 등.

한자의 활용

黃 【노랗다】
- 황금 (　　　)
- 황사 (　　　)

☆ 簧 【혀 황, 竹부】
- 생황 (　　　)

□25□

黑 • 검을 흑

黑 검을 흑	

부수 해설

음은 潶(흑)이고, 迄(흘)과 得(득)의 반절이다. 갑골문을 보면 〈黑〉은 〈炎(불꽃 염)〉자 위에 〈田(밭전)〉과 같은 모양의 글자로 되어 있는데, 이는 아래서 불을 땔 때의 굴뚝 형상을 나타내고 있는 것이다. 따라서 〈黑〉의 본래의 뜻은 불에 그을려 〈검다〉가 된다. 독립적으로 쓰이는 제부수 글자며, 다른 글자와 결합하면 그 글자는 주로 〈검다〉는 의미를 가진다.

해당부수 한자

𪐀(시커멀 알), 黔(검을 검), 黕(검을 담), 默(잠잠할 묵), 黜(물리칠 출), 點(점 점), 黛(눈썹먹 대), 黥(자자 경), 黨(무리 당), 黯(검을 암) 등.

한자의 활용

黑 【검다】
- 흑색 (   )
- 암흑 (   )

默 【잠잠하다】
- 묵념 (   )
- 침묵 (   )

點 【점】
- 점자 (   )
- 중점 (   )

黨 【무리】
- 당원 (   )
- 정당 (   )

연 습 문 제

1. 다음 글자의 부수 명칭을 쓰시오.

① 赤 (　　　　　) ② 辛 (　　　　　) ③ 長 (　　　　　)
④ 黃 (　　　　　) ⑤ 黑 (　　　　　)

2. 다음 설명에 맞는 부수글자를 쓰시오.

① 사람의 머리칼이 긴 모습을 본떠 만든 글자. (　)
② 형벌에 쓰는 칼의 모양으로 되어 있는 글자. (　)
③ 불이 활활 타오르는 것을 표현한 글자. (　)
④ 아래서 불을 땔 때의 굴뚝 형상을 나타내고 있는 글자. (　)
⑤ 사람이 허리에 패옥같은 노리개를 차고 있는 모습의 글자. (　)

3. 다음 문장에서 올바른 한자어를 고르시오.

① 북한은 일관되게 적화(赤化, 賊禍) 통일을 꿈꿔왔다.
② 구차하게 변명(變名, 辨明)을 늘어놓지 말아라.
③ 성장(成長, 城牆) 시기에 잘 먹어야 한다.
④ 회사의 중점(中點, 重點) 사업이 무엇인지를 잘 알아야 한다.

4. 다음 한자어를 우리말로 읽어 보시오.

① 赤色　赤化　赦免　特赦
② 辛苦　辛辣　辨明　分辨　辭典　言辭　辯護　雄辯
③ 長短　成長　張力　主張
④ 黃金　黃砂　笙簧
⑤ 黑色　暗黑　默念　沈默　點字　重點　黨員　政黨

8

무기 및 도구와 관련된 부수

□01□
匕 · 비수 비

匕 비수 비	

부수 해설

음은 比(비)이고, 卑(비)와 履(리)의 반절이다. 〈匕〉는 숟가락의 모습을 본떠 만든 글자다. 따라서 〈匕〉의 원래 뜻은 〈숟가락〉이다. 하지만 숟가락의 모습이 마치 비수와 같아 〈비수〉라는 뜻으로 쓰이게 되었다. 뒤에 〈숟가락〉을 뜻하는 글자로 〈匙(숟가락 시)〉가 나왔다. 이 글자 안에도 역시 숟가락의 뜻을 가진 〈匕〉가 있음을 알 수 있다.

해당부수 한자

化(될 화), 北(북녘 북), 匙(숟가락 시) 등.

한자의 활용

匕 【비수】
- 비수 (　　　)
- 비저 (　　　)

化 【되다】
- 화학 (　　　)
- 진화 (　　　)

北 【북녘】
- 북향 (　　　)
- 강북 (　　　)

匙 【숟가락】
- 다시 (　　　)

02

干 • 방패 간

干 방패 간	

부수 해설

음은 竿(간)이고, 古(고)와 寒(한)의 반절이다. 〈干〉은 나뭇가지에 가죽을 묶어 만든 방패를 본떠 만든 글자다. 따라서 〈干〉의 본래 뜻은 〈방패〉가 된다. 독립적으로 활용되는 제부수 글자며, 다른 글자와도 결합을 하나 그렇게 숫적으로 많지는 않다.

해당부수 한자

平(평평할 평), 年(해 년), 幷(합할 병), 幸(다행 행), 幹(줄기 간) 등.

한자의 활용

干 【방패】
- 약간 (　　　)
- 여간 (　　　)

平 【평평하다】
- 평화 (　　　)
- 불평 (　　　)

年 【해】
- 연말 (　　　)
- 금년 (　　　)

幸 【다행】
- 행복 (　　　)
- 다행 (　　　)

□03□
弓 · 활궁

弓 활 궁	

부수 해설

음은 宮(궁)이고, 居(거)와 雄(웅)의 반절이다. 〈弓〉은 활의 모양을 본떠 만든 글자다. 따라서 〈弓〉의 본래 뜻은 〈활〉이 된다. 독립적으로 활용되는 제부수 글자다. 다른 글자와 결합되면 그 글자에는 〈활〉과 연관된 뜻을 가지는 글자가 많다.

해당부수 한자

弔(조문할 조), 引(당길 인), 弘(넓을 홍), 弛(느슨할 이), 弦(반달 현), 弱(약할 약), 張(벌릴 장), 强(강할 강), 彈(탄알 탄), 彊(굳셀 강), 彌(활부릴 미) 등.

한자의 활용

弓 【활】
- 궁수 (　　　)
- 양궁 (　　　)

引 【당기다】
- 인도 (　　　)
- 견인 (　　　)

弱 【약하다】
- 약소 (　　　)
- 강약 (　　　)

强 【강하다】
- 강자 (　　　)
- 견강 (　　　)

□04□

戈 • 창과

戈 창 과	

부수 해설

음은 鍋(과)이고, 古(고)와 火(화)의 반절이다. 〈戈〉는 창을 세워 놓은 모습을 본떠 만든 글자다. 따라서 〈戈〉의 본래 뜻은 〈창〉이 된다. 독립적으로 활용되는 제부수 글자이며, 다른 글자와 결합이 되면 결합된 그 글자는 〈창〉과 연관된 뜻을 가진다. 〈武〉·〈伐〉·〈 國〉 등의 글자 안에도 〈戈〉가 포함되어 있어 〈창〉과 연관된 뜻을 가지고 있다.

해당부수 한자

戊(천간 무), 戎(병장기 융), 成(이룰 성), 我(나 아), 或(혹시 혹), 戚(겨레 척), 戟(창 극), 截(끊을 절), 戮(죽일 륙), 戰(싸울 전), 戲(놀 희) 등.

한자의 활용

戈 【창】
- 과병 (　　)
- 간과 (　　)

成 【이루다】
- 성공 (　　)
- 완성 (　　)

戰 【전쟁】
- 전사 (　　)
- 냉전 (　　)

戲 【놀다】
- 희극 (　　)
- 연희 (　　)

연 습 문 제

1. 다음 글자의 부수 명칭을 쓰시오.

① 匕 (　　　　　)
② 干 (　　　　　)
③ 弓 (　　　　　)
④ 戈 (　　　　　)

2. 다음 설명에 맞는 부수글자를 쓰시오.

① 활의 모양을 본떠 만든 글자. (　)
② 나뭇가지에 가죽을 묶어 만든 방패를 본떠 만든 글자. (　)
③ 숟가락의 모습을 본떠 만든 글자. (　)
④ 창을 세워 놓은 모습을 본떠 만든 글자. (　)

3. 다음 문장에서 올바른 한자어를 고르시오.

① 오늘은 진화(鎭火, 進化)에 대한 공부를 하였다.
② 그는 대접의 불평(不平, 不評)함에 화를 내었다.
③ 불법 주차한 차를 견인(堅忍, 牽引)해 가버렸다.
④ 그의 삼촌은 월남전에서 전사(戰死, 戰事)하였다.

4. 다음 한자어를 우리말로 읽어 보시오.

① 匕首　匕箸　化學　進化　北向　江北　茶匙
② 若干　如干　平和　不平　年末　今年　幸福　多幸
③ 弓手　良弓　引導　牽引　弱小　强弱　强者　堅强
④ 戈兵　干戈　成功　完成　戰死　冷戰　戲劇　演戲

□05□

殳 • 날없는창 수

殳

날없는창 수

부수 해설

음은 殊(수)이고, 市(시)와 朱(주)의 반절이다. 〈殳〉는 날이 없는 긴 창을 오른손으로 잡고 있는 모습을 본떠 만든 글자다. 따라서 〈殳〉의 본래 뜻은 〈창〉이다. 날이 없는 〈창〉은 〈몽둥이〉와 별반 차이가 없어서였던지 〈殳〉의 명칭을 〈몽둥이 수〉라고 부르기도 한다. 지금은 본래 뜻에서 확장되어 〈때리다〉·〈죽이다〉는 뜻까지도 가진다.

해당부수 한자

段(구분 단), 殷(은나라 은), 殺(죽일 살), 殼(껍질 각), 殿(대궐 전), 毀(훼손할 훼), 毅(굳셀 의), 毆(때릴 구) 등.

한자의 활용

段

【구분】

- 단락 (　　　)
- 분단 (　　　)

殺

【죽이다】

- 살생 (　　　)
- 사살 (　　　)

毀

【훼손하다】

- 훼방 (　　　)
- 훼손 (　　　)

毅

【굳세다】

- 의연 (　　　)
- 충의 (　　　)

□06□
用 • 쓸 용

用 쓸 용	

부수 해설

음은 佣(용)이고, 喩(유)와 俸(봉)의 반절이다. 《설문해자》에서는 〈用〉은 "거북점을 쳐서 맞아야 시행하는 것"이라고 설명하고 있다. 그러나 어떤 이는 무기를 저장하는 모습에서 본뜬 글자로, 원래의 뜻은 〈무기를 저장하다〉며, "무기의 저장은 유사시에 '쓰기' 위한 것이 아닐까"라고 말을 맺고 있다. 여하튼 〈用〉은 현재 〈사용하다〉는 뜻으로 통용되고 있는 글자임에는 틀림없다.

해당부수 한자

甪(사람이름 록), 甫(클 보), 甬(물길을 용) 등.

한자의 활용

用 【쓰다】
- 용병 (　　　)
- 실용 (　　　)

☆ 備 【갖출 비, 人부】
- 비치 (　　　)
- 완비 (　　　)

□07□

矛 • 세모진창 모

矛

세모진창 모

부수 해설

음은 毛(모)이고, 模(모)와 敖(오)의 반절이다. 〈矛〉는 날 끝이 세모난 창의 모습을 본떠 만든 글자다. 따라서 〈矛〉의 본래 뜻은 〈창〉이 된다. 〈矛〉는 독립적으로 쓰이는 제부수 글자다. 〈矛〉가 다른 글자와 결합되면, 그 글자는 주로 〈창〉과 연관된 뜻을 가진다.

해당부수 한자

矜(창자루 근, 자랑할 긍), 矞(송곳질할 율), 矟(창 삭), 矠(작살 색) 등.

한자의 활용

矛

【창】

•모순 (　　　)

•과모 (　　　)

矜

【자랑하다】

•긍지 (　　　)

•자긍 (　　　)

□08□

矢 • 화살 시

矢 화살 시	

부수 해설

음은 屎(시)이고, 式(식)과 旨(지)의 반절이다. 〈矢〉는 화살촉과 화살의 깃이 선명한 화살의 모양을 본떠 만든 글자다. 따라서 〈矢〉의 본래 뜻은 〈화살〉이 된다. 〈矢〉는 독립적으로 쓰이는 제부수 글자다. 다른 글자와 결합되는 경우는 그렇게 많은 편은 아니다.

해당부수 한자

知(알 지), 矩(곱은자 구), 短(짧을 단), 矮(난장이 왜), 矯(바로잡을 교), 雉(꿩 치) 등.

한자의 활용

矢

【화살】

•궁시 (　　　)

•효시 (　　　)

知

【알다】

•지식 (　　　)

•무지 (　　　)

短

【짧다】

•단점 (　　　)

•장단 (　　　)

矮

【난장이】

•왜소 (　　　)

•왜인 (　　　)

연습문제

1. 다음 글자의 부수 명칭을 쓰시오.

① 殳 (　　　　　)
② 用 (　　　　　)
③ 矛 (　　　　　)
④ 矢 (　　　　　)

2. 다음 설명에 맞는 부수글자를 쓰시오.

① 화살촉과 화살의 깃이 선명한 화살의 모양을 본떠 만든 글자. (　)
② 날 끝이 세모난 창의 모습을 본떠 만든 글자. (　)
③ 창을 오른손으로 잡고 있는 모습을 본떠 만든 글자. (　)
④ 거북점을 쳐서 맞아야 시행하는 것과 관계된 글자. (　)

3. 다음 문장에서 올바른 한자어를 고르시오.

① 자연을 훼손(毁損, 毁娟)해서는 안된다.
② 그는 용병(用兵, 勇兵)술에 능했다.
③ 내가 한국인이라는 긍지(矜持, 肯志)를 가져라.
④ 이번 일은 내가 무지(無知, 無地)해서 잘못을 저질렀다.

4. 다음 한자어를 우리말로 읽어 보시오.

① 段落　分段　殺生　射殺　毁謗　毁損　毅然　忠毅
② 用兵　實用　備置　完備
③ 矛盾　戈矛　矜持　自矜
④ 弓矢　嚆矢　知識　無知　短點　長短　矮小　矮人

□09□
几 • 책상 궤

几 책상 궤	

부수 해설

음은 己(기-궤)이고, 居(거)와 履(리)의 반절이다. 〈几〉는 앉아서 책을 볼 수 있는 긴 상의 형상을 본떠 만든 글자다. 따라서 〈几〉의 본래 뜻은 〈책상〉이 된다. 독립적으로 쓰이는 제부수 글자며, 다른 글자와 결합되면 〈책상〉과 연관된 뜻을 가진다. 하지만 그렇게 많은 글자와 결합되지는 않는다.

해당부수 한자

凡(무릇 범), 凭(기댈 빙), 凳(걸상 등), 凰(암봉황새 황), 凱(이길 개) 등.

한자의 활용

几 【책상】
- 궤안 (　　　)
- 서궤 (　　　)

凡 【무릇】
- 범사 (　　　)
- 평범 (　　　)

凰 【암봉황새】
- 봉황 (　　　)

凱 【이기다】
- 개가 (　　　)
- 개선 (　　　)

□10□

刀 · 칼 도

刀 (刂) 칼 도	

부수 해설

到(도)의 평성이고, 都(도)와 高(고)의 반절이다. 〈刀〉는 한 쪽에 날이 서 있는 칼의 모양을 본떠 만든 글자다. 따라서 〈刀〉의 본래의 뜻은 〈칼〉이 된다. 독립적으로 활용되는 제부수 글자다. 다른 글자와 결합을 하면 그 글자에는 〈칼〉과 연관된 뜻이 내포된다. 〈刀〉가 다른 글자와 결합될 때는 〈刂〉 형태로 변하여 한자의 오른 쪽 방에 붙는 경우가 많다.

해당부수 한자

刃(칼날 인), 分(나눌 분), 切(끊을 절), 刑(형벌 형), 初(처음 초), 判(판단할 판), 別(다를 별), 利(날카로울 리), 制(마를 제), 刻(새길 각), 刺(찌를 자) 등.

한자의 활용

刀

【칼】
- 도공 (　　　)
- 과도 (　　　)

分

【나누다】
- 분산 (　　　)
- 구분 (　　　)

別

【다르다】
- 별세 (　　　)
- 특별 (　　　)

利

【날카롭다】
- 이기 (　　　)
- 예리 (　　　)

□11□

匚 • 상자 방

匚 상자 방 (터진입구 변)	

부수 해설

음은 方(방)이고, 分(분)과 房(방)의 반절이다. 〈匚〉은 물건을 담아두는 네모난 그릇을 본떠 만든 다음 옆으로 눕혀놓은 글자다. 따라서 〈匚〉의 본래 뜻은 〈상자〉가 된다. 이는 형상이 〈口〉의 한 쪽이 터진 것과 같아 〈터진입구 변〉이라고도 일컫는다. 독립하지 못해 다른 글자와 결합해서 활용된다. 다른 글자와 결합되면 그 글자는 〈상자〉와 연관된 의미를 가진다.

해당부수 한자

匠(장인 장), 匡(바를 광), 匣(갑 갑), 匪(담을 비, 비적 비), 匱(함 궤), 匭(갑 궤), 匴(관상자 산), 匵(궤 독) 등.

한자의 활용

匠

【장인】
- 장인 (　　　)
- 거장 (　　　)

匡

【바르다】
- 광정 (　　　)
- 일광 (　　　)

匪

【비적】
- 비도 (　　　)
- 비적 (　　　)

匱

【함】
- 금궤 (　　　)
- 곤궤 (　　　)

□12□

工 • 장인 공

工 장인 공	

부수 해설

음은 公(공)이고, 姑(고)와 翁(옹)의 반절이다. 〈工〉은 손잡이가 있고 칼이 아래에 달려 있는 연장의 모습을 본떠 만든 글자다. 따라서 〈工〉의 본래 뜻은 〈연장〉이 된다. 뒤에 와서 뜻이 확대되어 〈일(하다)〉·〈匠人〉 등의 뜻으로도 쓰이게 되었다. 독립적으로 쓰이는 제부수 글자며, 다른 글자와 결합하면 〈연장〉과 관계된 뜻을 가진다.

해당부수 한자

巧(교묘할 교), 巨(클 거), 左(왼쪽 좌), 巫(무당 무), 差(차이날 차) 등.

한자의 활용

巧

【교묘하다】

- 교묘 (　　　)
- 기묘 (　　　)

巨

【크다】

- 거인 (　　　)
- 거물 (　　　)

左

【왼쪽】

- 좌우 (　　　)
- 좌측 (　　　)

差

【차이나다】

- 차이 (　　　)
- 시차 (　　　)

연습문제

1. 다음 글자의 부수 명칭을 쓰시오.

① 几 (　　　　　)
② 刀 (　　　　　)
③ 匚 (　　　　　)
④ 工 (　　　　　)

2. 다음 설명에 맞는 부수글자를 쓰시오.

① 손잡이가 있고 칼이 아래에 달린 연장을 본떠 만든 글자. (　)
② 네모난 그릇을 본떠 만든 다음 옆으로 눕혀놓은 글자. (　)
③ 앉아서 책을 볼 수 있는 긴 상의 형상을 본떠 만든 글자. (　)
④ 한 쪽에 날이 서 있는 칼의 모양을 본떠 만든 글자. (　)

3. 다음 문장에서 올바른 한자어를 고르시오.

① 범사(凡事, 丸思)에 감사하라.
② 이기(利己, 利器)적인 생각을 버려라.
③ 그는 부채 제작에 있어서 이름난 거장(巨匠, 巨場)이다.
④ 중국과는 1시간 시차(時差, 視差)가 난다.

4. 다음 한자어를 우리말로 읽어 보시오.

① 几案　書几　凡事　平凡　鳳凰　凱歌　凱旋
② 刀工　果刀　分散　區分　別世　特別　利己　銳利
③ 匠人　巨匠　匡正　一匡　匪徒　匪賊　金匱　困匱
④ 巧妙　奇妙　巨人　巨物　左右　左側　差異　時差

13

缶 • 장군 부

缶 장군 부	

부수 해설

음은 否(부)이고, 方(방)과 久(구)의 반절이다. 〈缶〉는 똥 오줌을 나르는 장군의 모습을 본떠 만든 글자다. 따라서 〈缶〉의 본래 의미는 〈장군〉이다. 독립적으로 쓰이는 제부수 글자다. 다른 글자와 결합하여 운용되면 그 글자에는 〈장군〉과 연관된 뜻을 가지나 그렇게 글자가 많은 편은 아니다.

해당부수 한자

缸(항아리 항), 缺(이지러질 결), 缿(벙어리 항), 缾(단지 병), 罅(틈 하), 罍(술그릇 뢰), 罐(두레박 관) 등.

한자의 활용

缶 【장군】
- 와부 (　　)

缸 【항아리】
- 주항 (　　)
- 화항 (　　)

缺 【이지러지다】
- 결격 (　　)
- 보결 (　　)

☆**陶** 【질그릇 도, 阜부】
- 도기 (　　)
- 도야 (　　)

□14□

耒 • 쟁기 뢰

耒 쟁기 뢰	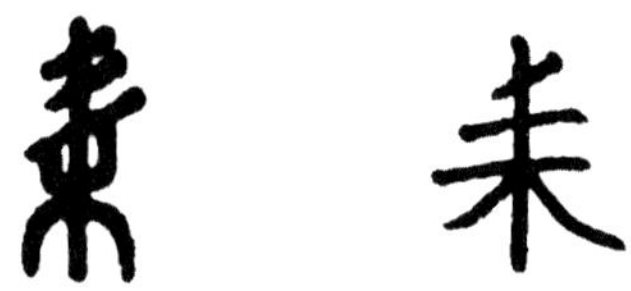

부수 해설

음은 壘(루-뢰)이고, 魯(로)와 浟(유)의 반절이다. 〈耒〉는 쟁기를 나타내는 〈丰(어여쁠 봉)〉과 쟁기의 재질을 나타내는 〈木(나무 목)〉이 결합된 합체자로, 이는 밭을 가는 쟁기를 나타내기 위한 글자다. 따라서 〈耒〉의 본래의 뜻은 〈쟁기〉이다. 단독으로 쓰이는 제부수 글자며, 다른 글자와 결합되면 그 글자는 〈쟁기〉와 연관된 뜻을 가진다.

해당부수 한자

耔(북돋울 자), 耕(밭갈 경), 耗(벼 모), 耘(김맬 운), 耜(보습 사), 耦(짝 우), 耬(씨뿌릴 루) 등.

한자의 활용

耕

【밭갈다】

•경작 (　　　)

•농경 (　　　)

耘

【김매다】

•경운 (　　　)

□15□

臼 • 절구 구

臼 절구 구	

부수 해설

음은 舅(구)이고, 其(기)와 九(구)의 반절이다. 〈臼〉는 방아를 찧을 때 사용하는 절구의 모습을 본떠 만든 글자다. 글자 안의 네 개의 사선에 대해 어떤이는 쌀이나 벼를 본뜬 것이라 하고, 어떤이는 곡식이 잘 빻아지도록 파놓은 홈으로 보았다. 어쨌든 〈臼〉의 본래의 뜻은 〈절구〉가 된다. 독립적으로도 운용되는 제부수 글자다.

해당부수 한자

臾(잠깐 유), 舁(마주들 여), 舂(찧을 용), 舄(신 석), 舅(외숙 구), 與(더불 여), 興(흥할 흥), 舊(옛 구) 등.

한자의 활용

舅 【외숙】
- 구모 (　　　)
- 외구 (　　　)

與 【더불다, 주다】
- 여당 (　　　)
- 수여 (　　　)

興 【흥하다】
- 흥망 (　　　)
- 여흥 (　　　)

舊 【옛날】
- 구식 (　　　)
- 친구 (　　　)

□16□
舟 • 배 주

舟 배 주	

부수 해설

음은 周(주)이고, 支(지)와 優(우)의 반절이다. 〈舟〉는 배의 모양을 본뜬 다음 이를 세워 만든 글자다. 따라서 〈舟〉의 본래 뜻은 〈배〉가 된다. 독립적으로 쓰이는 제부수 글자며, 다른 글자와 결합되면 그 글자는 〈배〉와 연관된 뜻을 가진다.

해당부수 한자

航(배 항), 般(일반 반), 軸(고물 축), 舵(키 타), 舶(배 박), 舴(배 책), 舸(배 가), 舷(뱃전 현), 船(배 선), 艇(거룻배 정), 艦(싸움배 함) 등.

한자의 활용

舟 【배】
- 방주 (　　　)
- 고주 (　　　)

航 【배】
- 항해 (　　　)
- 귀항 (　　　)

船 【배】
- 선원 (　　　)
- 파선 (　　　)

艦 【싸움배】
- 함정 (　　　)
- 군함 (　　　)

□17□

車 • 수레 거

車 수레 거	

부수 해설

음은 居(거)이고, 菊(국)과 於(어)의 반절이다. 〈車〉는 가로로 놓인 수레를 위에서 내려다 보고 이를 본뜬 다음 글자를 세워 만든 글자다. 따라서 〈車〉의 원래의 뜻은 〈수레〉다. 독립적으로 많이 운용되는 제부수 글자다. 다른 글자와 결합되면 그 글자에는 〈수레〉와 연관된 뜻이 들어 있다. 〈車〉는 〈차〉, 혹은 〈거〉로 발음한다.

해당부수 한자

軋(삐걱거릴 알), 軌(바퀴사이 궤), 軍(군사 군), 軟(부드러울 연), 軸(속바퀴 축), 較(비교할 교), 載(실을 재), 輔(도울 보), 輯(모을 집), 輕(가벼울 경) 등.

한자의 활용

車 【수레, 차】
- 거마 (　　　)
- 차도 (　　　)

軍 【군사】
- 군사 (　　　)
- 해군 (　　　)

軟 【부드럽다】
- 연약 (　　　)
- 유연 (　　　)

輕 【가볍다】
- 경중 (　　　)
- 경시 (　　　)

□18□
金 • 쇠 금

金 쇠 금	

부수 해설

음은 今(금)이고, 基(기)와 音(음)의 반절이다. 〈金〉은 〈土〉와 〈今〉 두 글자가 결합되어 만들어진 글자로, 이는 쇠붙이를 나타내기 위해서 만든 글자다. 따라서 〈金〉의 원래 뜻은 〈쇠〉가 된다. 뒤에 와서 〈金〉은 〈황금〉이나 〈돈〉을 뜻하게도 되었다. 이 글자는 성씨로 쓰일 때는 〈김〉으로 읽는다. 〈金〉 부수글자가 들어 있는 한자에는 〈쇠〉와 연관된 뜻을 가진다.

해당부수 한자

釘(못 정), 釜(가마솥 부), 針(바늘 침), 鈍(무딜 둔), 銃(총 총), 銳(날카로울 예), 鋒(칼날 봉), 錢(돈 전), 鏡(거울 경), 鐵(쇠 철), 鑑(거울 감) 등.

한자의 활용

金

【쇠】

•금석 (　　　)
•황금 (　　　)

針

【바늘】

•침술 (　　　)
•장침 (　　　)

銳

【날카롭다】

•예리 (　　　)
•첨예 (　　　)

鐵

【쇠】

•철문 (　　　)
•강철 (　　　)

연 습 문 제

1. 다음 글자의 부수 명칭을 쓰시오.

① 缶 (　　　　　) ② 耒 (　　　　　) ③ 臼 (　　　　　)
④ 舟 (　　　　　) ⑤ 車 (　　　　　) ⑥ 金 (　　　　　)

2. 다음 설명에 맞는 부수글자를 쓰시오.

① 똥 오줌을 나르는 장군의 모습을 본떠 만든 글자. (　)
② 방아를 찧을 때 사용하는 절구의 모습을 본떠 만든 글자. (　)
③ 수레를 위에서 내려다 보고 이를 본떠 만든 글자. (　)
④ 밭을 가는 쟁기를 나타내기 위한 글자. (　)
⑤ 쇠붙이를 나타내기 위해서 만든 글자. (　)

3. 다음 문장에서 올바른 한자어를 고르시오.

① 그는 보결(補缺, 保結)로 입학하였다.
② 여당(與黨, 餘黨)과 야당은 늘 의견이 충돌되었다.
③ 원양어선의 선원(船員, 仙院)들은 많은 나라를 돌았다.
④ 차도(車道, 差度)에는 차들이 많았다.

4. 다음 한자어를 우리말로 읽어 보시오.

① 瓦缶　酒缸　花缸　缺格　補缺　陶器　陶冶
② 耕作　農耕　耕耘
③ 舅母　外舅　與黨　授與　興亡　餘興　舊式　親舊
④ 方舟　孤舟　航海　歸航　船員　破船　艦艇　軍艦
⑤ 車馬　車道　軍事　海軍　軟弱　柔軟　輕重　輕視
⑥ 金石　黃金　鍼術　長針　銳利　尖銳　鐵門　鋼鐵

9

제도 및 풍습과 관련된 부수

□01□

卩 • 병부 절

卩

(㔾)

병부 절

부수 해설

음은 節(절)이고, 卽(즉)과 噎(열)의 반절이다. 〈卩〉은 갈라진 符節의 반쪽을 본떠 만든 글자다. 따라서 〈卩〉의 본래 뜻은 〈신분증〉이 된다. 뒤에 와서는 뜻이 확대되어 〈제약〉·〈억제〉·〈신임〉이란 의미도 가지게 되었다. 독립적으로는 활용되지 못하는 부수글자다. 그러나 다른 글자와 결합되는 경우도 그렇게 많지 않다.

해당부수 한자

卯(네째지지 묘), 印(도장 인), 危(위태할 위), 卵(알 란), 卹(진휼할 휼), 卷(책 권), 巷(거리 항), 却(물러날 각), 卽(곧 즉), 卿(벼슬 경) 등.

한자의 활용

印 【도장】
- 인장 ( )
- 각인 ( )

危 【위태하다】
- 위험 ( )
- 안위 ( )

却 【물러나다】
- 각행 ( )
- 망각 ( )

卽 【곧】
- 즉시 ( )
- 즉흥 ( )

□02□
士 • 선비 사

士 선비 사	

부수 해설

음은 仕(사)이고, 鉏(서)와 里(리)의 반절이다. 〈士〉는 〈一〉과 〈十〉이 합해져서 만들어진 글자로, 이는 하나를 들으면 열을 알 수 있는 능력을 가진 선비를 나타내기 위해 만든 글자다. 따라서 〈士〉의 본래의 뜻은 〈선비〉가 된다. 단독으로 활용되는 제부수 글자며, 다른 글자와 결합하는 경우는 그렇게 많지 않은 편이다.

해당부수 한자

壬(아홉째천간 임), 壯(씩씩할 장), 壺(병 호), 壹(하나 일), 壼(대궐안길 곤), 壽(목숨 수) 등.

한자의 활용

士 【선비】
- 사림 (　　　)
- 명사 (　　　)

壯 【씩씩하다】
- 장사 (　　　)
- 웅장 (　　　)

壹 【하나】
- 일대 (　　　)
- 균일 (　　　)

壽 【목숨】
- 수명 (　　　)
- 장수 (　　　)

□03□

文 · 글월 문

文 글월 문	

부수 해설

음은 紋(문)이고, 無(무)와 分(분)의 반절이다. 〈文〉은 두 선의 무늬가 교차한 것을 본떠 만든 글자다. 따라서 〈文〉의 본래 뜻은 〈무늬〉가 된다. 그러나 뒤에 와서 〈文〉을 〈무늬〉란 뜻 보다는 이를 가차하여 주로 〈문자〉나 〈문장〉의 뜻으로 많이 쓰게 되었다. 이에 따라 〈무늬〉라는 뜻으로는 〈糸〉를 앞에 붙여 〈紋〉으로 쓰게 되었다. 독립적으로도 쓰이는 제부수 글자지만, 다른 글자와 결합하여 〈文〉부수가 들어 가면 〈문자〉나 〈문장〉의 뜻보다는 〈무늬〉의 뜻이 강하다.

해당부수 한자

斌(빛날 빈), 斑(얼룩 반), 斐(문채날 비), 斒(얼룩얼룩할 반), 斕(문채 란) 등.

한자의 활용

文 【글월】
- 문장 (　　)
- 작문 (　　)

斑 【얼룩】
- 반점 (　　)
- 호반 (　　)

□04□

斗 • 말 두

斗 말 두	

부수 해설

음은 陡(두)이고, 當(당)과 口(구)의 반절이다. 〈斗〉는 자루가 달린 국자의 모습을 본떠 만든 글자다. 따라서 〈斗〉의 원래 뜻은 〈국자〉가 된다. 지금에 와서는 국자의 손잡이가 없어지고 곡식 등의 양을 잴 때 쓰는 〈말〉이 되었다. 독립적으로도 쓰이는 제부수 글자며, 다른 글자와 결합되면 그 글자는 주로 〈국자〉나 〈말〉과 연관된 뜻을 가진다.

해당부수 한자

料(헤아릴 료), 斛(휘 곡), 斜(비낄 사), 斝(옥잔 가), 斟(술따를 짐), 斠(평미레질할 각), 斡(돌 알) 등.

한자의 활용

斗

【말】

•두량 (　　　)

•북두 (　　　)

料

【헤아리다】

•요량 (　　　)

•사료 (　　　)

斜

【비끼다】

•사시 (　　　)

•경사 (　　　)

斟

【술따르다, 짐작하다】

•짐작 (　　　)

연 습 문 제

1. 다음 글자의 부수 명칭을 쓰시오.

① 卩 (　　　　　)
② 士 (　　　　　)
③ 文 (　　　　　)
④ 斗 (　　　　　)

2. 다음 설명에 맞는 부수글자를 쓰시오.

① 두 선의 무늬가 교차한 것을 본떠 만든 글자. (　)
② 하나를 들으면 열을 알 수 있는 선비를 나타내기 위한 글자. (　)
③ 자루가 달린 국자의 모습을 본떠 만든 글자. (　)
④ 갈라진 부절의 반쪽을 본떠 만든 글자. (　)

3. 다음 문장에서 올바른 한자어를 고르시오.

① 그의 인상은 나의 머리에 깊게 각인(刻印, 各人)되었다.
② 씨름대회에 수많은 장사(壯士, 葬事)들이 모여들었다.
③ 국어시간에 작문(作文, 作門)하는 법을 배웠다.
④ 이곳은 경사(慶事, 傾斜)진 땅이 많다.

4. 다음 한자어를 우리말로 읽어 보시오.

① 印章　刻印　危險　安危　却行　忘却　卽時　卽興
② 士林　名士　壯士　雄壯　壹大　均壹　壽命　長壽
③ 文章　作文　斑點　虎斑
④ 斗量　北斗　料量　思料　斜視　傾斜　斟酌

□05□

斤 · 저울 근

斤 저울 근	

부수 해설

음은 筋(근)이고, 擧(거)와 欣(흔)의 반절이다. 〈斤〉은 나무를 쪼개는 도끼의 형상을 본떠 만든 글자다. 따라서 〈斤〉의 본래 뜻은 〈도끼〉가 된다. 뒤에 와서 〈斤〉은 〈저울〉이란 뜻으로 차용되었다. 대신 〈도끼〉라는 뜻으로는 〈斧(도끼 부)〉를 만들어 쓰게 되었다. 다른 글자와 결합된 경우를 보면 역시 〈도끼〉와 관계된 뜻을 많이 가진다.

해당부수 한자

斥(물리칠 척), 斨(도끼 장), 斧(도끼 부), 斬(벨 참), 斯(찍을 사, 이 사), 新(새로울 신), 斷(끊을 단) 등.

한자의 활용

斤 【저울】
- 근량 (   )
- 천근 (   )

斥 【물리치다】
- 배척 (   )
- 퇴척 (   )

新 【새롭다】
- 신문 (   )
- 최신 (   )

斷 【끊다】
- 단식 (   )
- 중단 (   )

□06□

氏 • 성씨 씨

氏 성씨 씨	

부수 해설

음은 是(시-씨)이고, 上(상)과 紙(지)의 반절이다. 〈氏〉는 땅에 박혀 있는 나무의 뿌리를 본떠 만든 글자다. 따라서 〈氏〉의 본래의 뜻은 〈나무 뿌리〉가 된다. 뒤에 와서는 〈성씨〉를 나타내는데 주로 쓰이게 되었다. 단독으로 활용되는 제부수 글자다. 〈氏〉가 다른 글자와 결합이 되면 본래의 뜻이 그 글자에 영향을 주어 〈뿌리〉와 연관된 뜻을 가지는 경우가 많다.

해당부수 한자

氐(근본 저), 民(백성 민), 氓(백성 맹) 등.

한자의 활용

氏 【성씨】
- •씨족 (　　　)
- •성씨 (　　　)

民 【백성】
- •민가 (　　　)
- •농민 (　　　)

☆ **底** 【바닥 저, 广부】
- •저변 (　　　)
- •해저 (　　　)

☆ **低** 【낮을 저, 人부】
- •저지 (　　　)
- •고저 (　　　)

□07□

聿 • 붓 률

聿 붓 률	

부수 해설

음은 遹(휼-율)이고, 以(이)와 律(률)의 반절이다. 〈聿〉은 글씨를 쓰는 도구를 보고 이를 본떠 만든 글자다. 따라서 〈聿〉의 본래의 뜻은 〈글씨 쓰는 도구〉가 된다. 뒤에 와서 붓으로 글씨를 씀에 따라 〈聿〉을 〈붓〉이란 뜻으로 쓰게 되었다. 독립적으로도 운용되는 제부수 글자다. 다른 글자와 결합되면 주로 그 글자에는 〈붓〉과 연관된 뜻이 들어 있다.

해당부수 한자

肄(익힐 익), 肆(방자할 사), 肅(엄숙할 숙), 肇(비롯할 조) 등.

한자의 활용

肅 【엄숙하다】
- •숙연 (　　　)
- •정숙 (　　　)

☆ 書 【글 서, 日부】
- •서점 (　　　)
- •고서 (　　　)

☆ 晝 【낮 주, 日】
- •주야 (　　　)
- •백주 (　　　)

☆ 畫 【그림 화, 田부】
- •화면 (　　　)
- •서화 (　　　)

□08□

音 · 소리 음

音 소리 음	

부수 해설

음은 陰(음)이고, 於(어)와 今(금)의 반절이다. 갑골문에서 〈音〉은 〈言〉과 같은 모양을 하고 있으나, 뒤에 와서 〈音〉자는 〈口〉 안에 획을 하나 더 그어 〈言〉과 구별하였다. 어쨌든 〈音〉은 〈말〉과 비슷하지만, 일반적인 〈소리〉를 나타내는데 쓰이게 되었다. 단독으로 쓰이는 제부수 글자며, 다른 글자와 어울리면 그 글자는 일반적으로 〈소리〉와 연관된 뜻을 가진다.

해당부수 한자

韶(풍류이름 소), 韺(풍류이름 영), 韻(울림 운), 響(울릴 향) 등.

한자의 활용

音 【소리】
- 음악 (　　　)
- 고음 (　　　)

韻 【울리다】
- 운문 (　　　)
- 음운 (　　　)

響 【울리다】
- 향응 (　　　)
- 반향 (　　　)

☆ 意 【뜻 의, 心부】
- 의지 (　　　)
- 본의 (　　　)

연습문제

1. 다음 글자의 부수 명칭을 쓰시오.

① 斤 (　　　　　)
② 氏 (　　　　　)
③ 聿 (　　　　　)
④ 音 (　　　　　)

2. 다음 설명에 맞는 부수글자를 쓰시오.

① 나무를 쪼개는 도끼의 형상을 본떠 만든 글자. (　)
② 일반적인 "소리"를 나타내는데 쓰이게 된 글자. (　)
③ 글씨를 쓰는 도구를 보고 이를 본떠 만든 글자. (　)
④ 땅에 박혀 있는 나무의 뿌리를 본떠 만든 글자. (　)

3. 다음 문장에서 올바른 한자어를 고르시오.

① 그는 정부의 시책에 불만을 가지고 단식(單式, 斷食)에 들어갔다.
② 그 부대 주위에는 몇 몇의 민가(民家, 民歌)가 있었다.
③ 백주 (白晝, 白酒) 대낮에 도둑이 들었다.
④ 그는 강한 의지(依支, 意志)를 가지고 일을 시작하였다.

4. 다음 한자어를 우리말로 읽어 보시오.

① 斤量　千斤　排斥　退斥　新聞　最新　斷食　中斷
② 氏族　姓氏　民家　農民　底邊　海底　低地　高低
③ 肅然　靜肅　書店　古書　晝夜　白晝　畫面　書畫
④ 音樂　高音　韻文　音韻　響應　反響　意志　本意

□09□

龠 • 피리 약

龠

피리 약

부수 해설

음은 藥(약)이고, 以(이)와 約(약)의 반절이다. 〈龠〉은 여러 개의 대나무 관으로 만든 악기를 나타낸 글자다. 따라서 〈龠〉의 본래 뜻은 〈악기〉라는 뜻이다. 이 글자는 부수 글자 중 획수가 가장 많은 글자로, 단독으로도 쓰이는 제부수 글자다. 다른 글자와도 결합이 되나 그렇게 많은 글자를 만들지는 못한다.

해당부수 한자

龥(부를 유) 등.

한자의 활용

龠

【피리】

•집약 (　　　)

龢

【풍류조화되다】

•龢 : 和의 古字

□10□
卜・점복

卜 점 복	

부수 해설

음은 樸(복)이고, 博(박)과 木(목)의 반절이다. 〈卜〉은 점을 치기 위한 거북의 등껍질에 갈라진 무늬를 본떠 만든 글자다. 따라서 〈卜〉의 본래의 뜻은 〈갈라진 무늬〉가 된다. 이는 점을 치기 위한 것이었기에 지금은 〈점〉이란 뜻으로 통용된다. 단독으로 활용되는 제부수 글자다. 다른 글자와 결합되면 그 글자는 〈점〉과 연관된 뜻을 가진다.

해당부수 한자

卞(법 변), 占(점칠 점), 卣(술통 유), 卦(점괘 괘) 등.

한자의 활용

卜 【점】
- •복채 (　　)
- •점복 (　　)

占 【점치다】
- •점서 (　　)
- •복점 (　　)

卦 【점괘】
- •괘상 (　　)
- •점괘 (　　)

☆ **訃** 【부고 고, 言부】
- •부고 (　　)
- •부음 (　　)

□11□
尸 · 주검 시

尸 주검 시	

부수 해설

음은 蓍(시)이고, 式(식)과 之(지)의 반절이다. 〈尸〉는 사람이 죽어서 누워 있음을 본떠 만든 글자다. 따라서 〈尸〉의 본래의 뜻은 〈시체〉가 된다. 제부수 글자로서 단독으로 활용된다. 다른 글자와 결합하면 그 글자에는 〈시체〉와 연관된 뜻을 나타내는 경우가 많다.

해당부수 한자

尺(자 척), 尹(다스릴 윤), 尾(꼬리 미), 尿(오줌 뇨), 居(살 거), 屈(굽힐 굴), 屋(집 옥), 屍(주검 시), 展(펼 전), 屛(병풍 병), 屠(죽일 도), 屬(무리 속) 등.

한자의 활용

尸 【주검】
- 시동 (　　　)
- 시위 (　　　)

尾 【꼬리】
- 미행 (　　　)
- 수미 (　　　)

屍 【주검】
- 시체 (　　　)
- 검시 (　　　)

屠 【죽이다】
- 도살 (　　　)
- 구도 (　　　)

□12□

爻 · 점괘 효

爻 점괘 효	

부수 해설

음은 肴(효)이고, 何(하)와 交(교)의 반절이다. 〈爻〉는 괘의 기본이 되는 효(爻)가 서로 여러 개 교차되어 있는 모습을 하고 있는 글자다. 따라서 〈爻〉의 본래의 뜻은 〈점괘〉가 된다. 이 글자는 단독으로도 활용되는 부수 글자지만, 그렇게 많이 활용되는 글자는 아니다. 그리고 다른 글자와 결합하는 경우도 많지 않다.

해당부수 한자

爽(시원할 상), 爾(너 이) 등.

한자의 활용

爻

【점괘】

•괘효 (　　　)

爽

【시원하다】

•상쾌 (　　　)

•청상 (　　　)

연습문제

1. 다음 글자의 부수 명칭을 쓰시오.

① 龠 (　　　　)
② 卜 (　　　　)
③ 尸 (　　　　)
④ 爻 (　　　　)

2. 다음 설명에 맞는 부수글자를 쓰시오.

① 효가 서로 여러 개 교차되어 있는 모습을 하고 있는 글자. (　)
② 사람이 죽어서 누워 있음을 본떠 만든 글자. (　)
③ 여러 개의 대나무 관으로 만든 악기를 나타낸 글자. (　)
④ 거북 등껍질에 갈라진 무늬를 본떠 만든 글자. (　)

3. 다음 문장에서 올바른 한자어를 고르시오.

① 그가 죽었다는 부고(訃告, 附高)를 받았다.
② 경찰이 도둑을 미행(尾行, 美行)하기 시작하였다.
③ 시체(屍體, 詩體)의 부검이 시작되었다.
④ 문장의 수미(首尾, 秀美)에 통일성이 없다.

4. 다음 한자어를 우리말로 읽어 보시오.

① 執龠
② 卜債　占卜　占書　卜占　卦象　占卦　訃告　訃音
③ 尸童　尸位　尾行　首尾　屍體　檢屍　屠殺　狗屠
④ 卦爻　爽快　淸爽

□13□

示 • 보일 시

示
(礻)
보일 시

부수 해설

음은 侍(시)이고, 神(신)과 至(지)의 반절이다. 〈示〉는 신에게 제사를 지낼 때 제물을 올려 놓은 제단의 모양을 본떠 만든 글자다. 따라서 〈示〉의 본래의 뜻은 〈신〉·〈제사〉 등이 된다. 그런데 뒤에 와서 〈보이다〉는 뜻도 같이 나타내게 되었다. 단독으로 활용되는 제부수 글자다. 다른 글자와 결합하면 그 글자는 주로 〈신〉 혹은 〈제사〉 등과 연관된 뜻을 가진다.

해당부수 한자

社(땅귀신 사), 礿(제사 약), 祈(빌 기), 祭(제사 제), 祀(제사 사), 祖(조상 조), 神(귀신 신), 祝(빌 축), 視(볼 시), 福(복 복), 禍(재앙 화), 禱(빌 도) 등.

한자의 활용

示

【보이다】

•시위 (　　)
•표시 (　　)

祭

【제사】

•제사 (　　)
•고사 (　　)

神

【귀신】

•신령 (　　)
•귀신 (　　)

福

【복】

•복권 (　　)
•축복 (　　)

□14□
豆 · 콩두

豆 콩 두	

부수 해설

음은 竇(두)이고, 惰(타)와 候(후)의 반절이다. 〈豆〉는 제사를 지낼 때 쓰는 높은 다리의 제기를 본떠 만든 글자다. 따라서 〈豆〉의 본래의 뜻은 〈제기〉가 된다. 그런데 뒤에 와서 〈豆〉자를 가차하여 〈콩〉의 뜻으로 쓰게 되었다. 제부수 글자로 단독으로 활용된다. 다른 글자와 결합이 되면 그 글자는 〈제기〉나 〈콩〉과 관련된 의미를 갖는 경우가 많다.

해당부수 한자

豈(어찌 기), 豉(메주 시), 豋(제기이름 등), 豌(완두 완), 豎(세울 수), 豐(풍년 풍) 등.

한자의 활용

豆 【콩】
- 두유 (　　　)
- 대두 (　　　)

豎 【세우다】
- 수립 (　　　)
- 횡수 (　　　)

豐 【풍년】
- 풍년 (　　　)
- 대풍 (　　　)

☆ 登 【오를 등, 癶부】
- 등산 (　　　)
- 등용 (　　　)

□15□

香 • 향기 향

香

향기 향

부수 해설

음은 鄕(향)이고, 許(허)와 良(량)의 반절이다. 〈香〉은 〈黍(기장 서)〉와 〈甘(달 감)〉을 결합시켜, 오곡 중 기장의 냄새와 맛이 가장 향기롭다는 바를 나타내기 위해 만든 글자다. 따라서 〈香〉의 본래의 뜻은 〈곡식의 냄새〉가 된다. 하지만 뒤에 와서 〈香〉자를 차용하여 일반적인 〈향기〉의 뜻으로 쓰고 있다. 다른 글자와 결합하는 경우는 별로 많지 않은 제부수 글자다.

해당부수 한자

馝(향기로울 필), 馥(향기 복), 馨(향내날 형) 등.

한자의 활용

香

【향기】

- 향기 (　　　)
- 묵향 (　　　)

馨

【향내나다】

- 형향 (　　　)

□16□

鬼 • 귀신 귀

鬼 귀신 귀	

부수 해설

음은 詭(궤-귀)이고, 居(거)와 偉(위)의 반절이다. 〈鬼〉는 사람의 형상을 하고 있으나 뿔과 꼬리가 난 귀신의 형상을 본떠 만든 글자다. 따라서 〈鬼〉의 본래 뜻은 〈귀신〉이 된다. 독립적으로 쓸 수 있는 제부수 글자이며, 다른 글자와 결합되면 그 글자는 〈귀신〉과 연관된 뜻을 가지는 경우가 많다.

해당부수 한자

鬽(도깨비 매), 魁(우두머리 괴), 魂(넋 혼), 魅(도깨비 매), 魈(도깨비 소), 魏(높을 위), 魔(도깨비 마) 등.

한자의 활용

鬼

【귀신】

•귀신 (　　　)

•마귀 (　　　)

魁

【우두머리】

•괴수 (　　　)

•수괴 (　　　)

魂

【넋】

•혼백 (　　　)

•영혼 (　　　)

魔

【도깨비】

•마력 (　　　)

•마법 (　　　)

□17□

鼓 • 북 고

鼓

북 고

부수 해설

음은 古(고)이고, 工(공)과 戶(호)의 반절이다. 〈鼓〉는 〈壴(악기이름 주)〉와 〈支(지탱할 지)〉를 결합시켜 북을 치는 것을 나타내기 위한 글자다. 따라서 〈鼓〉의 본래의 뜻은 〈북을 치다〉가 된다. 독립적으로 쓰이는 제부수 글자다. 다른 글자와 어울리면 그 글자는 〈북〉과 연관된 뜻을 가진다.

해당부수 한자

鼕(북소리 동), 鼘(북소리 연), 鼙(마상고 비) 등.

한자의 활용

鼓

【북】

•고성 (　　　)

•장고 (　　　)

鼙

【마상고】

•비고 (　　　)

연습문제

1. 다음 글자의 부수 명칭을 쓰시오.

① 示 (　　　　　)　② 豆 (　　　　　)　③ 香 (　　　　　)
④ 鬼 (　　　　　)　⑤ 鼓 (　　　　　)

2. 다음 설명에 맞는 부수글자를 쓰시오.

① 제사를 지낼 때 쓰는 높은 다리의 제기를 본떠 만든 글자. (　)
② 제물을 올려 놓은 제단의 모양을 본떠 만든 글자. (　)
③ 기장이 가장 향기롭다는 바를 나타내기 위해 만든 글자. (　)
④ 북을 치는 것을 나타내기 위한 글자. (　)

3. 다음 문장에서 올바른 한자어를 고르시오.

① 할아버지 제사(祭祀, 諸士)를 지내러 왔다.
② 빈 자리에 누구를 등용(登用, 燈用)시킬 것인가?
③ 그는 사람을 끄는 이상한 마력(魔力, 馬力) 같은 것이 있다.
④ 그는 장고(長考, 長鼓)를 잘 친다.

4. 다음 한자어를 우리말로 읽어 보시오.

① 示威　表示　祭祀　告祀　神靈　鬼神　福券　祝福
② 豆乳　大豆　竪立　橫竪　豐年　大豐　登山　登用
③ 香氣　墨香　馨香
④ 鬼神　魔鬼　魁帥　首魁　魂魄　靈魂　魔力　魔法
⑤ 鼓聲　長鼓　鼙鼓

10

숫자와 관련된 부수

□01□
一 • 한 일

一

한 일

부수 해설

음은 壹(일)이고, 衣(의)와 悉(실)의 반절이다. 〈一〉은 하나의 막대기 형상을 하고 있는 글자다. 이 하나의 가로선으로 숫자의 시작을 나타낸 것이다. 따라서 〈一〉의 본래의 뜻은 〈하나〉가 된다. 〈一〉은 또 만물의 시초가 되기도 한다 하여 〈처음〉이란 뜻으로도 쓰이고 있고, 나아가 〈오로지〉 혹은 〈조금〉의 뜻도 가지고 있다. 독립적으로 쓰이는 제부수 글자다.

해당부수 한자

丁(고무래 정), 七(일곱 칠), 三(석 삼), 上(윗 상), 下(아래 하), 不(아니 불), 世(인간 세) 등.

한자의 활용

一

【하나】
- 일년 (　　　)
- 유일 (　　　)

上

【위】
- 상위 (　　　)
- 최상 (　　　)

不

【아니다】
- 불만 (　　　)
- 불리 (　　　)

世

【인간】
- 세상 (　　　)
- 속세 (　　　)

□02□

二 • 두 이

二 두 이	

부수 해설

음은 貳(이)이고, 耳(이)와 肄(이)의 반절이다. 〈二〉는 두 개의 가로획 형상을 하고 있는 글자다. 이는 짝 수의 처음을 나타낸 것이다. 따라서 〈二〉의 본래 뜻은 〈둘〉 혹은 〈짝〉이 된다. 단독으로 쓰이는 제부수 글자며, 다른 글자와도 결합을 하는데 그렇게 많지는 않다.

해당부수 한자

于(어조사 우), 云(말할 운), 互(서로 호), 五(다섯 오), 井(우물 정), 些(적을 사), 亞(버금 아) 등.

한자의 활용

二 【둘】
- 이세 ( )
- 불이 ( )

互 【서로】
- 호상 ( )
- 호조 ( )

些 【적다】
- 사소 ( )

亞 【버금】
- 아류 ( )
- 동아 ( )

□03□

八 • 여덟 팔

八 여덟 팔	

부수 해설

음은 捌(팔)이고, 布(포)와 拔(발)의 반절이다. 〈八〉은 한 쪽은 왼쪽을, 다른 한 쪽은 오른 쪽을 향해 서로 등지고 있는 모습을 본떠 만든 글자다. 따라서 〈八〉의 본래의 뜻은 〈등지다〉가 된다. 그런데 뒤에 와서 〈八〉을 주로 〈여덟〉이란 뜻으로 가차해 쓰게 됨으로써 〈八〉은 본래의 뜻을 잃어가게 된 것이다.

해당부수 한자

公(공평할 공), 兮(어조사 혜), 六(여섯 륙), 共(함께 공), 兵(병사 병), 其(그 기), 具(갖출 구), 典(법 전), 兼(겸할 겸), 冀(바랄 기) 등.

한자의 활용

八 【여덟】
- 팔방 (　　　)
- 삼팔 (　　　)

公 【공평하다】
- 공평 (　　　)
- 봉공 (　　　)

共 【함께】
- 공동 (　　　)
- 공통 (　　　)

兵 【병사】
- 병무 (　　　)
- 해병 (　　　)

□04□
十 • 열 십

十 열 십	

부수 해설

음은 拾(십)이고, 是(시)와 執(집)의 반절이다. 〈十〉은 가로 획 하나와 세로 획 하나를 서로 교차시켜 놓은 형상을 하고 있는 글자다. 이는 동서남북의 방향을 완전히 갖추고 있음을 나타내기 위한 글자다. 따라서 〈十〉의 본래의 뜻은 〈온전히 갖추다〉가 된다. 지금은 십진수에서의 수의 〈완비〉·〈끝〉 개념으로 많이 활용되고 있다.

해당부수 한자

千(일천 천), 升(되 승), 午(낮 오), 半(절반 반), 卉(풀 훼), 卍(만 만), 協(화할 협), 卑(낮을 비), 卒(군사 졸), 男(남녘 남), 博(넓을 박) 등.

한자의 활용

十
【열】
- 시월 (　　　)
- 십자 (　　　)

午
【낮】
- 오전 (　　　)
- 정오 (　　　)

協
【화하다】
- 협조 (　　　)
- 타협 (　　　)

博
【넓다】
- 박식 (　　　)
- 해박 (　　　)

연 습 문 제

1. 다음 글자의 부수 명칭을 쓰시오.

① 一 (　　　　　)
② 二 (　　　　　)
③ 八 (　　　　　)
④ 十 (　　　　　)

2. 다음 설명에 맞는 부수글자를 쓰시오.

① 두 개의 가로획 형상을 하고 있는 글자. (　)
② 서로 등지고 있는 모습을 본떠 만든 글자. (　)
③ 가로획과 세로획을 서로 교차시켜 놓은 형상의 글자. (　)
④ 하나의 막대기 형상을 하고 있는 글자. (　)

3. 다음 문장에서 올바른 한자어를 고르시오.

① 그의 성적은 상위(上位, 常委)권에 속한다.
② 밤길을 가자니 다소(多少, 茶素) 걱정이 된다.
③ 우리는 공동(共同, 空洞)으로 일해서 이익금을 나누었다.
④ 그는 여러 방면에 해박(該博, 解朴)한 지식을 가지고 있다.

4. 다음 한자어를 우리말로 읽어 보시오.

① 一年　唯一　上位　最上　不滿　不利　世上　俗世
② 二世　不二　互相　互助　些少　亞流　東亞
③ 八方　三八　公平　奉公　共同　共通　兵務　海兵
④ 十月　十字　午前　正午　協助　妥協　博識　該博

부록

부수의 명칭 일람

1 획

一 한 일
丨 뚫을 곤
丶 불꽃 주
丿 삐칠 별
乙 새 을
亅 갈고리 궐

2 획

二 두 이
亠 지붕 두
人 사람 인
儿 어진사람 인
入 들 입
八 여덟 팔
冂 멀 경
冖 덮을 멱
冫 얼음 빙
几 책상 궤
凵 그릇 감
刀 칼 도
力 힘 력
勹 쌀 포
匕 비수 비
匚 상자 방
匸 감출 혜
十 열 십
卜 점 복
卩(㔾) 병부 절
厂 바위굴 엄
厶 마늘 모
又 또 우

3 획

口 입 구
囗 두를 위
土 흙 토
士 선비 사
夂 뒤처져올 치
夊 천천히걸을 쇠
夕 저녁 석
大 큰 대
女 계집 녀
子 아들 자
宀 집 면
寸 마디 촌
小 작을 소
尢 절름발이 왕
尸 주검 시
屮 왼풀 초
山 뫼 산
巛(川) 내 천
工 장인 공
己 몸 기
巾 수건 건
干 방패 간
幺 작을 요
广 집 엄
廴 길게걸을 인
廾 두손모을 공
弋 주살 익
弓 활 궁
彐 터진가로 왈
彡 털무늬 삼
彳 작은걸음 척

4 획

心 마음 심
戈 창 과
戶 지게문 호
手 손 수
支 지탱할 지
攴 톡톡두드릴 복
文 글월 문
斗 말 두
斤 저울 근
方 모 방
无 없을 무
日 날 일
曰 가로 왈
月 달 월
木 나무 목
欠 하품 흠
止 그칠 지
歹 뼈앙상할 알
殳 창 수
毋 말 무
比 견줄 비
毛 털 모
氏 성씨 씨
气 기운 기
水(氵) 물 수
火 불 화
爪 손톱 조
父 아비 부
爻 점괘 효
爿 널판지 장
片 조각 편
牙 어금니 아
牛 소 우
犬(犭) 개 견

5 획

玄 검을 현
玉(王) 구슬 옥
瓜 참외 과
瓦 기와 와
甘 달 감
生 날 생
用 쓸 용
田 밭 전
疋 발 소
疒 병들 녁
癶 팔자걸음 발
白 흰 백
皮 가죽 피
皿 그릇 명
目 눈 목
矛 창 모
矢 화살 시
石 돌 석
示 보일 시
禸 짐승발자국 유
禾 벼 화
穴 구멍 혈
立 설 립

6 획

竹 대 죽
米 쌀 미

糸 실 사
缶 장군 부
网 그물 망
羊 양 양
羽 깃 우
老 늙을 로
而 말이을 이
耒 쟁기 뢰
耳 귀 이
聿 붓 율
肉 고기 육
臣 신하 신
自 스스로 자
至 이를 지
臼 절구 구
舌 혀 설
舛 어그러질 천
舟 배 주
艮 어긋날 간
色 빛 색
艸(++, ++) 풀 초虍
호랑이 호
虫 벌레 충
血 피 혈
行 갈 행
衣 옷 의
襾 덮을 아

7 획

見 볼 견
角 뿔 각
言 말씀 언
谷 골 곡
豆 콩 두
豕 돼지 시
豸 해치양 치
貝 조개 패
赤 붉을 적
走 달릴 주
足 발 족
身 몸 신
車 수레 거
辛 매울 신
辰 별 진
辵 쉬엄쉬엄갈 착
邑 고을 읍
酉 닭 유
釆 분별할 변
里 마을 리

8 획

金 쇠 금
長 길 장
門 문 문
阜 언덕 부
隶 미칠 이
隹 새 추
雨 비 우
靑 푸를 청
非 아닐 비

9 획

面 얼굴 면
革 가죽 혁
韋 가죽 위
韭 부추 구
音 소리 음
頁 머리 혈
風 바람 풍
飛 날 비
食 먹을 식
首 머리 수
香 향기 향

10 획

馬 말 마
骨 뼈 골
高 높을 고
髟 머리날릴 표
鬥 싸울 두
鬯 술 창
鬲 오지병 격
鬼 귀신 귀

11 획

魚 고기 어
鳥 새 조
鹵 소금밭 로
鹿 사슴 록
麥 보리 맥
麻 삼 마

12 획

黃 누를 황
黍 기장 서
黑 검을 흑
黹 바느질할 치

13 획

黽 맹꽁이 맹
鼎 세발솥 정
鼓 북 고
鼠 쥐 서

14 획

鼻 코 비
齊 가지런할 제

15 획

齒 이 치

16 획

龍 용 용
龜 거북 귀

17 획

龠 피리 약

부수 획수별로 찾기

6 획

7 획

8 획

10 획

12 획

13 획

14 획

15 획

16 획

17 획

지은이 약력

한상덕(韓相德)

경남 하동 출신
경상대학교 중어중문학과 졸업(1983)
성균관대학교 중어중문학과 문학석사(1985)
중국, 중국예술연구원 화극연구소 방문학자(1994)
중국, 무한대학 중어중문학과 문학박사(1997)
중국, 호북대학교 중어중문학과 교수(1998)
중국, 호북사범학원 중어중문학과 석좌교수(1998)
[현재] 경상국립대학교 중어중문학과 교수
[현재] 중국, 청도대학 겸임교수

저서, ≪교양 한시 감상≫ 등 20여 권
역서, ≪중국 현대 희극사≫ 등 20여 권
논문, <조우삼부곡> 등 20여 편

한자 부수의 이해

2009년 8월 21일 초판 제1쇄 인쇄
2009년 8월 25일 초판 제1쇄 발행
2011년 2월 10일 초판 제2쇄 발행
2012년 4월 4일 초판 제3쇄 발행
2013년 7월 30일 초판 제4쇄 발행
2014년 12월 30일 초판 제5쇄 발행
2019년 3월 11일 초판 제6쇄 발행
2022년 9월 2일 초판 제7쇄 발행

지은이 한상덕
펴낸이 권순기
펴낸곳 경상국립대학교출판부
주소 660-701 경남 진주시 진주대로 501
전화 (055) 772-0801, 0802
팩스 (055) 772-0809
E-mail : gspress@gnu.ac.kr
홈페이지 http://gspress.gnu.ac.kr
등록 1989년 1월 7일 제16호

ISBN 978-89-6257-018-2 93720
값 11,000원